L&PMPOCKET**ENCYCLOPAEDIA**

JOHN M. KEYNES
Uma breve introdução

Série **L&PM**POCKET**ENCYCLOPAEDIA**

Alexandre, o Grande Pierre Briant
Anjos David Albert Jones
Ateísmo Julian Baggini
Bíblia John Riches
Budismo Claude B. Levenson
Cabala Roland Goetschel
Câncer Nicholas James
Capitalismo Claude Jessua
Células-tronco Jonathan Slack
Cérebro Michael O'Shea
China moderna Rana Mitter
Cleópatra Christian-Georges Schwentzel
A crise de 1929 Bernard Gazier
Cruzadas Cécile Morrisson
Dinossauros David Norman
Drogas Leslie Iversen
Economia: 100 palavras-chave Jean-Paul Betbèze
Egito Antigo Sophie Desplancques
Escrita Andrew Robinson
Escrita chinesa Viviane Alleton
Evolução Brian e Deborah Charlesworth
Existencialismo Jacques Colette
Filosofia pré-socrática Catherine Osborne
Geração Beat Claudio Willer
Guerra Civil Espanhola Helen Graham
Guerra da Secessão Farid Ameur
Guerra Fria Robert McMahon
História da medicina William Bynum
História da vida Michael J. Benton
História econômica global Robert C. Allen
Império Romano Patrick Le Roux
Impressionismo Dominique Lobstein
Inovação Mark Dodgson e David Gann
Islã Paul Balta
Japão moderno Christopher Goto-Jones
Jesus Charles Perrot
John M. Keynes Bernard Gazier
Jung Anthony Stevens
Kant Roger Scruton
Lincoln Allen C. Guelzo
Maquiavel Quentin Skinner
Marxismo Henri Lefebvre
Memória Jonathan K. Foster
Mitologia grega Pierre Grimal
Nietzsche Jean Granier
Paris: uma história Yvan Combeau
Platão Julia Annas
Pré-história Chris Gosden
Primeira Guerra Mundial Michael Howard
Reforma Protestante Peter Marshall
Relatividade Russell Stannard
Revolução Francesa Frédéric Bluche, Stéphane Rials e Jean Tulard
Revolução Russa S. A. Smith
Rousseau Robert Wokler
Santos Dumont Alcy Cheuiche
Sigmund Freud Edson Sousa e Paulo Endo
Sócrates Cristopher Taylor
Teoria quântica John Polkinghorne
Tragédias gregas Pascal Thiercy
Vinho Jean-François Gautier

Bernard Gazier

JOHN M. KEYNES
Uma breve introdução

Tradução de PAULO NEVES

www.lpm.com.br

L&PM POCKET

Coleção **L&PM** POCKET, vol. 919

Bernard Gazier é professor de Economia na Universidade Paris I Panthéon-Sorbonne e autor de *A crise de 1929* (**L&PM** POCKET, 2009).

Texto de acordo com a nova ortografia.

Título original: *John Maynard Keynes*

Primeira edição na Coleção **L&PM** POCKET: janeiro de 2011
Esta reimpressão: junho de 2019

Tradução: Paulo Neves
Capa: Ivan Pinheiro Machado. *Foto:* John Maynard Keynes (1883-1946), por volta de 1940 (Walter Stoneman/Samuel Bourne/Getty Images)
Preparação: Jó Saldanha
Revisão: Lia Cremonese

CIP-Brasil. Catalogação na Fonte
Sindicato Nacional dos Editores de Livros, RJ

G254j

Gazier, Bernard, 1950-
　John Maynard Keynes / Bernard Gazier; tradução de Paulo Neves. – Porto Alegre, RS: L&PM, 2019.
　128p. : il. – (Coleção L&PM POCKET; v. 919)

　Tradução de: *John Maynard Keynes*
　Inclui bibliografia
　ISBN 978-85-254-2101-2

　1. Keynes, John Maynard, 1883-1946. 2. Economistas - Inglaterra - Biografia. 3. Economia keynesiana. I. Título. II. Série.

10-6231.　　　　　　　　　CDD: 923.3
　　　　　　　　　　　　　CDU: 929:330

© Presses Universitaires de France, 2009

Todos os direitos desta edição reservados a L&PM Editores
Rua Comendador Coruja, 314, loja 9 – Floresta – 90.220-180
Porto Alegre – RS – Brasil / Fone: 51.3225-5777

Pedidos & Depto. comercial: vendas@lpm.com.br
Fale conosco: info@lpm.com.br
www.lpm.com.br

Impresso no Brasil
Outono de 2019

Sumário

Introdução 7

Capítulo 1: Um personagem de romance 9
   I. As etapas de uma trajetória brilhante 10
   II. Maynard e seus mundos 24

Capítulo 2: As etapas de um avanço 35
   I. Um motivo e uma alavanca: ultrapassar
      Alfred Marshall 38
   II. Três longas batalhas, um avanço 48

Capítulo 3: Os conceitos e os
encadeamentos centrais da *Teoria geral* 60
   I. Da "economia clássica" à "demanda efetiva" 63
   II. As "três funções psicológicas" 69
   III. Do multiplicador aos programas
       keynesianos 75
   IV. O "modelo IS/LM" 81

Capítulo 4: Keynes depois de Keynes 86
   I. O desdobramento da "revolução keynesiana"
      (1936-1970) 88
   II. Diante da contrarrevolução neoclássica, frag-
       mentação e persistência dos keynesianismos 99

Conclusão 116

Bibliografia sugerida 119

Introdução

Fundador da macroeconomia moderna, o inglês John Maynard Keynes (1883-1946) é considerado o maior economista do século XX. Mas ele continua sendo um autor controverso. Após um período de dominação quase irrestrita durante os anos 1950-1970, sua contribuição foi radicalmente rejeitada por muitos economistas, para ser retomada na crise iniciada em 2008.

Keynes teve uma vida excepcionalmente brilhante e intensa, até mesmo frenética. Sucessivamente, e muitas vezes no mesmo dia, especulador na Bolsa, colaborador de políticos no auge do poder, negociador internacional, jornalista, professor na Universidade de Cambridge, autor e diretor de teatro, e ainda agricultor, a vida inteira ele esteve próximo e foi conselheiro dos poderosos. Embora o que pregasse nem sempre fosse seguido, permaneceu por mais de trinta anos como um ator central no seio das convulsões mundiais de sua época: as duas guerras mundiais, a crise de 1929. Com brilhantismo mas sem sucesso, tentou influir sobre o surgimento da nova ordem mundial dominada pelos Estados Unidos, por ocasião da conferência de Bretton Woods (1944).

Mas tudo isso, que seria suficiente para ocupar várias vidas, não é nada comparado ao papel que desempenhou na ciência econômica. Magnético e provocante, ele desencadeou uma revolução nessa disciplina. Existe um antes e um depois de Keynes: condensando múltiplas contribuições e cercado de colaboradores entusiastas, ele construiu passo a passo a macroeconomia como um corpo de saberes e de práticas cujas hipóteses e os objetivos diferem dos da microeconomia. Assim, forneceu um guia às intervenções estatais que visam controlar a conjuntura, as políticas que estão no centro do mundo moderno. Assim como Cristóvão Colombo, Darwin ou Freud, Keynes é um descobridor.

Já em vida ele foi um mito, ou vários. Acusaram-no de ser um criptossocialista que queria sufocar o capitalismo à custa de déficits e de impostos, e, ao mesmo tempo, de ser um economista "burguês" salvador do capitalismo. Vários grupos de discípulos, com um fervor às vezes pessoal, se formaram em torno dele e desenvolveram seu pensamento em direções muito diferentes.

Com o recuo da História e os estudos cruzados de historiadores, economistas e filósofos, hoje é possível apreciar melhor a realidade do seu projeto e o alcance da sua herança. O presente livro é organizado em quatro capítulos. O primeiro reconstitui as múltiplas facetas da personalidade de Keynes e as etapas de sua vida. O segundo se interessa pela maturação intelectual e pela dinâmica da sua obra. O terceiro apresenta os conceitos centrais do seu livro principal, a *Teoria geral do emprego, do juro e da moeda* (1936): a demanda efetiva, o multiplicador, a preferência pela liquidez... Enfim, o último capítulo traça brevemente o destino da herança de Keynes, as polêmicas que suscitou e a atualidade do seu impacto sobre o pensamento econômico contemporâneo.

Capítulo 1

Um personagem de romance

Estamos excepcionalmente bem-informados sobre a vida de Keynes. Três biografias notáveis lhe foram dedicadas. Primeiro a de Roy Harrod, economista e membro importante do círculo de amigos e discípulos que cercava Keynes (ver a Bibliografia sugerida, p. 119). Com oitocentas páginas, publicada em 1951, somente cinco anos após sua morte, ela é assinada por uma testemunha direta, também ligada a suas pesquisas e descobertas. Mas essa primeira fonte padece de dois defeitos: ela incensa Keynes como um herói e dissimula uma parte importante da sua vida afetiva, sua homossexualidade. Essa escolha de Harrod, feita aparentemente para não chocar os pais de Keynes, na época ainda vivos, o conduziu a censurar muitos depoimentos e a obliterar sobretudo os anos de formação. Duas grandes biografias ultrapassaram esses limites e retificaram a perspectiva. Uma, publicada em 1992, é a do economista Donald Moggridge, também responsável pela edição das obras de Keynes em trinta volumes. Mas, apesar de suas 940 páginas, essa contribuição parece um resumo comparado ao imenso estudo do historiador Robert Skidelsky, publicado em três tomos e em três momentos (1983, 1992 e 2000, num total de 1.760 páginas!), que constitui uma realização monumental. Skidelsky buscou retraçar os detalhes às vezes cotidianos das ações de Keynes, investigando suas motivações, e situá-los na sociedade inglesa e nas transformações econômicas, políticas, intelectuais e artísticas de sua época.

Esses biógrafos se confrontaram com uma grande quantidade de fontes, de documentos e de pontos de vista.

Os testemunhos públicos e privados proliferam. O próprio Keynes publicava e manifestava-se muito, e também deixou uma enorme correspondência, pública e privada – uma dezena de milhares de cartas –, ainda não totalmente conhecida. Ele não jogava nada fora, guardava rascunhos de suas cartas que, em sua maior parte, foram conservadas pelos correspondentes. Recentemente foram descobertas novas fontes que permitem, por exemplo, compreender melhor sua atitude em relação a editores ou ainda seu papel de conselheiro do governo britânico durante a Segunda Guerra Mundial. Mas o acúmulo desses conhecimentos cada vez mais detalhados não deixa de ter inconvenientes. O risco é deixar-se submergir pelo fluxo desses complementos, é realçar uma ou outra das múltiplas facetas do personagem e, afinal, diluir sua trajetória de vida, bem como sua contribuição principal, na diversidade e no brilho de suas atividades. Keynes importa, antes de mais nada, como grande economista. Sobre o sentido e a pluralidade dos "combates" de Keynes, uma preciosa abordagem foi proposta, em 2005, pelo economista canadense Gilles Dostaler, enquadrando a economia e a política, que estão no centro do seu interesse, sob a ótica da moral e da arte.

Inevitavelmente sumária, a apresentação deste capítulo tem um duplo foco: o dinâmico, que descreve as grandes etapas de uma vida de romance, e o que se concentra na diversidade dos mundos nos quais evoluiu John Maynard Keynes.

I. As etapas de uma trajetória brilhante

Keynes nasceu em 1883, em Cambridge, onde sua infância e o essencial de sua vida se passam. Mesmo tendo viajado muito, Cambridge foi o ponto fixo em torno do qual tudo girou. Ele pertence – intelectual, sociológica e afetivamente – a essa cidade, situada cem quilômetros ao norte de Londres, que foi e ainda é, com sua rival Oxford, um dos dois principais centros universitários da Grã-Bretanha desde o final da Idade Média. Os pais de Keynes – Florence Ada Brown (1861-1958) e John Neville Keynes (1852-1949) – são descendentes, respectivamente, de pregadores puritanos e de uma linhagem de burgueses enriquecidos. Completaram sua ascensão social tendo acesso à posição de intelectuais. Florence foi uma das primeiras mulheres diplomadas na Universidade de Cambridge. Envolveu-se em inúmeras formas de ação social e tornou-se, em 1932, prefeita da cidade de Cambridge. Quanto a John Neville Keynes, ele foi professor de "Ciências morais" em Cambridge, tendo publicado um livro importante de metodologia da economia: *The Scope and Method of Political Economy* (1891).

1. **O elitismo de uma infância mimada** – Primogênito de uma família com três filhos – além de John Maynard, Margaret (1885-1970) e Geoffrey (1887-1982) –, Keynes concentrou desde o início as esperanças dos pais, em detrimento da irmã e do irmão. Menino brilhante e de saúde frágil, ele foi o centro de todas as atenções. Educado no conforto burguês da grande casa do número 6 da Harvey Road, numa família que contava com o serviço de três domésticas e de babás alemãs, que todo ano passava vários meses de férias nos Pirineus, nos Alpes ou na Grécia, e muito vigiado nos estudos pelo pai, Maynard (é assim que era chamado em sua vida privada) foi um pequeno rei sob pressão. Um pouco à imagem de Leopold Mozart formando Wolfgang Amadeus, ou, mais próximos de nós, daqueles pais jogadores de tênis que se tornam treinadores dos filhos, procurando inculcar-lhes desde

cedo conhecimentos técnicos e resistência ou mesmo agressividade, John Neville Keynes investiu maciçamente na formação do seu brilhante rebento. Pai atento e dedicado, trabalhador infatigável, mas também pai angustiado: cúmplice no lazer, sempre preocupado com uma gripe ou com uma perda de peso, ele parece ter projetado no filho uma esperança de êxito muito além de sua própria carreira, aliás muito honrosa, apesar das decepções sobre as quais falaremos adiante.

Magro, alto, Maynard foi por muito tempo como que estorvado pelo seu físico. Mas compensava essa dificuldade por uma grande aptidão para interagir e fazer valer suas ideias, qualquer que fosse o interlocutor. Uma excepcional confiança em si mesmo foi o resultado dessa educação privilegiada.

A primeira etapa foi logicamente Eton, onde Maynard foi admitido em 1897. Numa tradição inglesa quase aristocrática, esse "colégio" particular acolhia, em regime de internato, um grupo restrito de adolescentes escolhidos a dedo, oriundos dos meios mais favorecidos. A formação compreendia, é claro, as matérias literárias e científicas, mas dava-se muita importância aos esportes, sobretudo coletivos, como o remo, que Maynard não apreciava muito, e o "jogo do muro", mistura de rugby e de queimado, no qual ele se destacava. Eton oferecia assim um passaporte intelectual e uma primeira integração social no círculo da alta burguesia.

2. **Um jovem economista recalcitrante** – A partir de 1902, Maynard prossegue seus estudos em Cambridge, mas não tão logicamente quanto sua primeira etapa e seu *pedigree* faziam supor. De fato, ele se interessou não pela economia, mas pela filosofia e pela matemática. É verdade que a matemática era o curso régio da universidade.

Em 1903, Alfred Marshall, o maior economista inglês da época, amigo dominador de John Neville Keynes, conseguira criar um curso específico de economia e propôs a Maynard que o fizesse. Este recusou, e em 1905 se submeteu às provas de matemática, obtendo uma classificação média: foi "apenas" o décimo segundo colocado. Após essa decepção relativa, ele se preparou – seguindo os cursos de economia de Marshall – para os exames de ingresso nos cargos públicos, realizados em agosto de 1906. Classificado em segundo, foi destacado para o Departamento das Índias (India Office) em Londres.

Aos 23 anos, ei-lo um alto funcionário. Os horários não são muito rígidos, e ele se aborrece. Dirá mais tarde que a única ação concreta de que pôde se orgulhar foi o envio à Índia de um touro munido de todos os certificados necessários. Na verdade, ele passa a maior parte do seu tempo preparando uma "dissertação", uma tese, sobre as probabilidades. Situando-se assim no terreno do pai, misturando questões de lógica e de filosofia da ação, opõe-se com virulência à maior parte dos autores que escreveram antes dele. Apresenta sem sucesso uma primeira versão em 1907. Revisada, a tese é aprovada em 1908.

É bastante rápido então, mas de certo modo contra sua vontade, que ele se torna economista. Já em 1907 é membro da Royal Economic Society e, no Departamento das Índias, é transferido para o setor de receita, estatística e comércio. Em 1908, Marshall se aposenta e lhe propõe ensinar economia em Cambridge. Keynes se demite em junho de 1908 e torna-se, no ano seguinte, *fellow* no King's College em Cambridge, o que lhe permite ensinar sem ter uma cátedra de professor. Ele nunca a terá, paradoxo desse filho de universitários, ele próprio docente e pesquisador, que além do mais assumirá importantes responsabilidades administrativas na máquina universitária de Cambridge.

Na verdade, essa posição de *fellow* lhe concede muita independência. Já em 1905 havia comprado ações e, a partir de 1923, os rendimentos de suas atividades financeiras são superiores aos de suas atividades acadêmicas. Keynes pode assim limitar suas horas de aula: a partir de 1920, seu cargo se reduz a oito sessões por ano. O que lhe permite também criticar colegas universitários, fingindo não ser um deles: a *Teoria geral*, sua importante obra de 1936, atacará um de seus colegas, Arthur Cecil Pigou, que ele critica designando-o sistematicamente de "professor Pigou".

Maynard se faz notar por seus estudos sobre a moeda e se torna, já em 1911, sempre graças à proteção de Marshall, redator-chefe da *Economic Journal*, uma das principais revistas acadêmicas de economia, adquirindo assim uma posição de poder no núcleo da disciplina. Keynes exercerá plenamente esse poder intelectual, agindo por iniciativa própria e em geral tomando ele mesmo a decisão de aceitar ou de recusar os artigos enviados à revista. De certo modo, é na prática que ele aprende seu ofício, lendo nessa época – tardiamente, portanto – os grandes autores, como Adam Smith em 1910. Tudo parece bem encaminhado.

3. **Um alto funcionário ativista e revoltado** – As coisas mudam com a guerra de 1914. Maynard, que nada havia pressentido, está relendo as provas do seu *Treatise On Probability* (sua tese, reescrita) quando sobrevém a declaração de guerra. Ao receber em 2 de agosto de 1914 uma carta de Basil Blackett, funcionário do Tesouro, que lhe solicita que participe do esforço de guerra dentro dessa administração, ele imediatamente abandona as probabilidades. Pede a seu cunhado Archibald Vivian Hill para levá-lo no seu *sidecar* a Londres, onde começa uma vida nova.

Nessas circunstâncias excepcionais, Keynes logo se torna o conselheiro dos poderosos. Protegido por políticos do Partido Liberal, como Edwin Montagu e Herbert Asquith (e muito apreciado pela esposa deste, Margot Asquith), ele multiplica as relações e as iniciativas, e acumula as responsabilidades e as intervenções. As tarefas de economia aplicada começam pelo secretariado de um comitê sobre os preços dos alimentos, depois se ocupam do abastecimento de trigo e farinha, mas rapidamente se estendem à rede inteira das dívidas entre os Aliados. Keynes se encarrega de negociações com os Estados Unidos e a Rússia, incluindo até mesmo objetos diretamente militares. Ele abandona suas tarefas de ensino e de administração em Cambridge, mas conserva a direção da *Economic Journal*, da qual se ocupa à noite. Esse ativismo acarreta alguns conflitos, pois em sua maior parte os amigos de Keynes, sobretudo os do grupo de Bloomsbury (ver p. 27), formado por artistas e escritores, são pacifistas e o criticam abertamente. E também o deixará estressado, com sérios problemas de saúde em 1915 – apendicite e pneumonia –, tratados na residência de uma amiga riquíssima, Ottoline Morell.

À medida que a guerra se prolonga, Keynes voa de sucesso a sucesso e de ambiguidade a ambiguidade. Colabora sucessivamente com vários líderes e governos de orientações diferentes, que recorrem cada vez mais a ele. Em dezembro de 1916 é nomeado chefe da nova Divisão A do Tesouro, encarregada das finanças externas, com dezessete pessoas sob suas ordens. Em setembro de 1917 faz sua primeira viagem aos Estados Unidos. Segundo um relatório de Blackett, outro membro da missão, é visto pelos seus interlocutores americanos como "brutal, dogmático e descortês".

Em janeiro de 1917, Keynes já havia redigido um parecer técnico, sem tomar um partido ou outro, sobre as indenizações que poderiam ser exigidas da Alemanha na hipótese de ela perder a guerra. Assim, é de modo natural que ele se torna, em 1918, representante sênior do tesouro – com 35 anos de idade – na delegação britânica encarregada de negociar as condições da paz. Alguns, especialmente na França, propõem uma cifra muito elevada para essas indenizações: catorze bilhões de libras esterlinas. Num memorando, Keynes propõe de dois a três bilhões. Ele vai a Trier, Alemanha, no início de 1919, e simpatiza com um dos representantes da delegação alemã, Carl Melchior.

Keynes participa, no mais alto nível, de todas as discussões que levarão ao Tratado de Versalhes entre os alemães e Lloyd George, pela Grã-Bretanha, Thomas Woodrow Wilson, pelos Estados Unidos, e Georges Clemenceau, pela França. Keynes defende a anulação das dívidas de guerra, o que os Estados Unidos recusam, e prega uma espécie de plano de recuperação econômica (à imagem do que será, vinte anos mais tarde, o Plano Marshall) e a supressão das indenizações, mas sem sucesso. À medida que as discussões avançam, ele compreende que mesmo o seu desejo de limitar o montante das indenizações não será cumprido. Sob a influência preponderante dos franceses, e num contexto de germanofobia exacerbada, a Alemanha é responsabilizada pela guerra e pelas destruições que esta ocasionou, e obrigada a pagar indenizações muito elevadas, muito acima do que lhe podiam render os ganhos comerciais dos melhores anos antes da guerra. Assinado em 28 de junho de 1919, o Tratado de Versalhes cria também a Sociedade das Nações, mas ratifica uma "paz cartaginesa" destinada a sufocar o país vencido.

Keynes sabia de um projeto de tratado nesse sentido desde 7 de maio de 1919 e, em 19 de maio, pede demissão. Sofre um colapso nervoso em 30 de maio e abandona Paris uma semana depois, recolhendo-se a partir de 12 de junho em Charleston, na casa de campo de seus amigos de Bloomsbury, Vanessa Bell e Duncan Grant.

Ainda no final de junho ele se lança à redação do livro *The Economic Consequences of the Peace*, no qual contesta radicalmente o Tratado. Escrito com virulência e erudição, o livro, que mistura o estudo estatístico econômico e histórico a retratos corrosivos e a considerações políticas de longo prazo, é publicado em dezembro de 1919 e vira um verdadeiro best-seller: 100 mil exemplares vendidos em seis meses. Por esse livro, Keynes se torna célebre e se reconcilia com seus amigos de Bloomsbury.

4. **O oráculo de Cambridge** – Ei-lo definitivamente lançado no grande público. Ele retoma suas aulas em Cambridge, mas agora é um especialista em questões internacionais, convidado, por exemplo, à conferência monetária de Gênova em 1922, no auge da hiperinflação alemã. É ao mesmo tempo, ou sucessivamente, professor, jornalista e diretor de revista, especulador na bolsa (é rapidamente visto como uma figura de respeito na City de Londres, alternando sucessos rápidos e ruínas igualmente súbitas, seguidas de recuperações que apagam suas perdas), conselheiro de partidos políticos e de homens de governo, mecenas, conferencista, agricultor...

Mas uma dupla mudança acontece entre os anos 1921 e 1925. Primeiro em sua vida privada: depois de múltiplos casos amorosos masculinos mantidos em segredo – a sociedade inglesa da época, marcada pelo puritanismo, é particularmente hostil em relação aos homossexuais –, ele conhece Lydia Lopokova, bailarina russa do Balé Diaghilev, e casa-se com ela em 1925. Muito inteligente e com uma cumplicidade constante, Lydia levou adiante uma carreira descontínua no teatro e soube proteger seu grande homem sem sufocá-lo. "Os Keynes" tornam-se uma figura central do mundo artístico de Londres e protegem as artes e os artistas, enquanto Maynard se lança numa trajetória de inovação intelectual radical.

A segunda mudança é, de fato, a ruptura com a tradição econômica marshalliana, que dominava amplamente o saber econômico dos anos 1900-1920 na Grã-Bretanha. Discípulo recalcitrante de Alfred Marshall, mas ainda assim discípulo, Keynes presta-lhe uma calorosa homenagem por ocasião de sua morte em 1924. No entanto se distancia, primeiro, das prescrições de sua escola, depois, cada vez mais, dos fundamentos de sua análise. É seu excepcional conhecimento pragmático dos problemas econômicos concretos que motiva inicialmente o distanciamento: com alguns outros, e com brilho, Keynes se convence então de que não se deve sair de dificuldades econômicas "por baixo" – por exemplo, retornando ao padrão-ouro anterior à guerra no que se refere à libra esterlina. Diante da inflação resultante da guerra, essa restauração supunha fazer baixar o nível dos preços e dos salários. Era preferível, em última instância, não manter os compromissos financeiros assumidos pelos que haviam tomado empréstimos em libras, para não arriscar diminuir a atividade econômica que fazia um esforço para se reaquecer.

A Inglaterra vitoriosa é então o "homem doente da Europa"; sua economia demora a crescer e tem uma taxa de desemprego muito alta. Inicialmente especializado nos problemas econômicos e monetários internacionais, Keynes identifica um inimigo maior no âmbito da economia nacional britânica: as prescrições deflacionistas do ministério das Finanças, o "Treasury view" que, a partir de 1929, será seu alvo principal. Ele ataca com vigor os sucessivos governos que tentam restaurar a confiança através da disciplina orçamentária e da austeridade. Qual Cassandra, anuncia as catástrofes que vão resultar dessa política. Cada campo mantém suas posições. A resposta do Tesouro é sempre a mesma: uma política expansionista se arrisca a provocar inflação e a reforçar a desconfiança. Keynes responde que seus contraditores, confiantes nos mecanismos de restabelecimento automático da economia, supõem "a inexistência do fenômeno mesmo que deve ser estudado".

A chegada da Grande Crise apenas amplifica as dificuldades persistentes da Grã-Bretanha. Assim Keynes não é pego de surpresa, como aconteceu com a maior parte dos economistas do mundo inteiro. Enquanto seu país mergulha na tormenta, ele conserva a mesma posição, multiplica as advertências e... retorna à moda. Como resultado de seus artigos e declarações, um grupo de trabalho é criado em 1930: a Comissão MacMillan. Nela se encontram os principais economistas ingleses: Pigou, Lionel Robbins, Hubert Henderson... Keynes expõe a eles, de maneira simplificada, as principais análises de seu livro ainda em andamento: *Treatise on Money*, que será publicado nesse mesmo ano. Entre os meios que propõe para sair do marasmo figuram o estímulo ao investimento e, na falta dele, um aumento do protecionismo. Em 21 de setembro de 1931, a Grã-Bretanha abandona o padrão-ouro. Em três meses, a libra esterlina perde 30% do seu valor, o que equivale a uma retomada da economia. Keynes aplaude: como ele diz, o país escapa à "maldição de Midas", o rei mítico que transformava em ouro tudo o que tocava e morreu de fome.

A controvérsia acaba por opor, em 1932, duas instituições universitárias, cujos membros não estavam plenamente de acordo entre si. De um lado, Cambridge, com

Keynes e Pigou, favoráveis ao desenvolvimento de obras públicas; de outro, a London School of Economics, com Robbins e o austríaco Friedrich von Hayek, que lhes são opostos. Em 1933, Keynes se entusiasma com a eleição de F. D. Roosevelt e as perspectivas abertas pelo "New Deal". Mas esse amplo programa de reformas, sem ser incompatível com as ideias de Keynes, tem origens intelectuais e políticas próprias: o institucionalismo americano, em particular as preconizações de J. R. Commons, e os economistas suecos da "Escola de Estocolmo", E. Lindhal, E. Lundberg, G. Myrdal e B. Ohlin. Após uma carta aberta ao presidente americano, publicada no *New York Times* em 31 de dezembro de 1933, Keynes atravessa o Atlântico com Lydia, em maio de 1934, e encontra-se com Roosevelt, procurando influenciá-lo. Mas não terá sucesso. Os déficits orçamentários de Roosevelt permanecerão modestos, e sua ação tomará basicamente a forma de um intervencionismo permanente em matéria de preços enquadrados, enquanto são lançadas as bases (em 1935) da Previdência Social americana.

Mas não é aí que acontece o essencial. De 1922 a 1937, cercado de vários grupos de discípulos e de amigos, em correspondência contínua com alguns deles, Keynes vive, durante cerca de quinze anos, um período de renovação radical e de excitação constante. Ele toma o problema pela raiz: se a economia não mostra tendências de reequilíbrio permanentes, é porque ela é fundamentalmente monetária. E a moeda não é um simples auxiliar das trocas, não é "neutra", como geralmente postulam os economistas centrados na interdependência dos mercados. Os dois volumes do *Treatise on Money* se originam desse esforço frontal de refundação.

Trata-se apenas de um meio sucesso, não só por causa das objeções imediatamente suscitadas e que Keynes e seus discípulos procuram responder, mas também porque ele não trata explicitamente do emprego. Um papel-chave é desempenhado então por Richard Kahn, que pode ser considerado o principal colaborador de Keynes, num grupo que compreende também Joan Robinson, Gerald Shove e Dennis Robertson (este último com períodos de divergência). Kahn havia publicado em 1931 um artigo sobre o "multiplicador" que assegurava a possibilidade de quantificar as relações entre o estímulo do investimento e o emprego. Além dessa contribuição, Kahn fazia a relação entre os diferentes grupos de colegas e de estudantes que participavam dessa aventura intelectual inédita.

O processo coletivo, lançado por um líder magnético e obstinado, obtém em 1936 a projeção tão procurada. A *Teoria geral do emprego, do juro e da moeda* é lançada em 4 de fevereiro, a um preço deliberadamente muito baixo proposto pelo autor. Esse texto, em princípio destinado a economistas profissionais, alterna as considerações teóricas e pragmáticas e visa o grande público. Voluntariamente escrito para surpreender, seu sucesso é imediato. Em 1936, recebe 135 resenhas em inglês.

Muito ocupado em responder às objeções e em divulgar seu pensamento, multiplicando suas intervenções, Keynes sofre, em maio de 1937, um grave ataque cardíaco, do qual nunca se recuperará completamente. Após três meses de hospitalização, retira-se em Tilton, na sua casa de campo, onde Lydia controla rigidamente as visitas e os seus horários. Em 1939 está apenas parcialmente recuperado, mas permanece vulnerável e diminuído fisicamente, vivendo sob a influência de um médico-guru, Janos Plesch.

5. **Os combates impossíveis de Lorde Keynes** – Otimista como sempre, Keynes não previu a Segunda

Guerra Mundial, mas reage imediatamente. Já em outubro de 1939, apresenta à Marshall Society suas ideias sobre as finanças da guerra. Publica em fevereiro de 1940 *How to Pay for the War*, texto aplaudido pelos economistas de todas as tendências, inclusive seus adversários dos anos 1930. Propõe um salário diferido que impõe uma poupança forçada e limita o consumo, bem como um imposto sobre o capital. No mês de agosto, mesmo sem ser funcionário nem assalariado, já dispõe de uma sala, de uma secretária e de um lugar no Tesouro. Embora de início sem missão nem estatuto precisos, encontra-se no centro do processo de decisão: dá seu parecer sobre numerosos dossiês, organiza intervenções destinadas a influir sobre as escolhas... Seu estatuto é nomeado em janeiro de 1941: conselheiro econômico do Tribunal de Contas, depois porta-voz oficial do Tesouro e, por fim, chefe de delegação. Como homem de decisão central, ele recupera as funções que tivera, como rebelde, durante a Primeira Guerra Mundial, agindo agora no interior mesmo da cidadela que havia combatido nos anos 1920.

Essa desforra total dentro do seu país não se estenderá ao sucesso internacional. Embora Keynes combata com talento pela Grã-Bretanha, esta se encontra em declínio, ferida na luta contra o nazismo e dominada pela força americana em plena afirmação. Já em 1941 ele lança as bases de uma ordem monetária e financeira alternativa para o pós-guerra. Sendo o inimigo principal, em período normal, a deflação, Keynes busca princípios de política monetária que sejam, no plano internacional, o equivalente ou o complemento dos princípios aplicáveis em nível nacional. Trata-se de fornecer ao mundo a liquidez necessária ao crescimento, e ele prevê uma câmara de compensação internacional que funcione por saldos devedores, esboçando assim um banco central mundial. Como em relação a seus escritos teóricos, o projeto circula. Recebe três versões sucessivas durante o inverno de 1941-1942 e torna-se a posição oficial da Grã-Bretanha em abril de 1942. Contém a proposta de uma moeda internacional inconvertível, o Bancor. Por razões psicológicas, o valor do Bancor é formulado em ouro – mas pode variar.

Em julho de 1942, Keynes recebe o esboço da contraproposta americana, que será o "Plano White" frente ao "plano Keynes". Ela prevê um fundo de estabilização e um banco de reconstrução. Visa sobretudo à estabilização das taxas de câmbio a curto prazo e não à construção de um sistema financeiro novo. Contenta-se com uma unidade contábil, a *unitas*, simples recibo para o ouro depositado no fundo pelas nações participantes. Sua função, portanto, é bem mais restrita que a do Bancor.

Segue-se um longo processo de reelaboração, dos dois lados. O "Plano White" é oficialmente transmitido à Grã-Bretanha em fevereiro de 1943. Em junho do mesmo ano, Keynes, elevado à nobreza e feito Lorde Keynes, faz um discurso na Câmara dos Lordes, elogiando os dois planos e fazendo múltiplas concessões. Na realidade, uma outra negociação pesa sobre esse confronto: a das dívidas contraídas pela Grã-Bretanha junto aos Estados Unidos. Estes não queriam um plano que ameaçasse a hegemonia do dólar, e seus sucessivos representantes, sabendo que eram mais fortes diante de um aliado exausto e endividado, sempre mantiveram uma oposição que nada cedeu quanto ao fundo.

A conferência de Bretton Woods, em 1944, representa assim uma enganadora apoteose para Keynes. Representante principal da Grã-Bretanha, ele combate até a exaustão, sua e dos seus interlocutores. Seus discursos são ovacionados. Mas o Plano White é imposto pelos Estados Unidos aos 44 países que assistem à conferência.

Em 1945, Keynes retorna ainda aos Estados Unidos para rediscutir o reembolso do empréstimo concedido pelos americanos aos ingleses. Ele espera a anulação dessa dívida, à imagem do que havia proposto em 1919, ou pelo menos um empréstimo sem juros. Em vez dos cinco bilhões de dólares esperados, só obtém um empréstimo de 3,75 bilhões, a juros de 2%. Em 19 de fevereiro de 1946, Keynes é nomeado diretor dos dois organismos criados em Bretton Woods: o Fundo Monetário Internacional e o Banco Internacional para a Reconstrução e o Desenvolvimento. Mas o símbolo é claro: ambos estão localizados em Washington. Ele retorna uma última vez aos Estados Unidos, participa da conferência de Savannah, Geórgia, em março de 1946, que instala o Conselho dos Diretores dessas duas instituições. Vítima de um ataque cardíaco no trem que o levava a Washington, Keynes volta à Inglaterra e morre em Tilton, no dia 21 de abril.

II. Maynard e seus mundos

Que há de mais tedioso, em princípio, do que a vida de um economista, homem cinzento de números e equações, envolvido em debates complexos e geralmente levado a prescrições impopulares? Mais ainda quando se trata de um teórico que busca com paciência, longamente, aprofundar sua disciplina. Mas Keynes desmente o senso comum. Ele levou dez existências em uma, com avidez, raramente cumprindo os repousos impostos pela doença e os médicos. Sem serem completamente compartimentados, vários mundos se sucediam ao longo de uma mesma jornada comum de Maynard. De início ele procurou proteger sua privacidade, mantida em segredo na primeira parte de sua vida. Mas logo se deleitou em multiplicar as atividades à medida que as ocasiões se apresentavam e seus talentos lhe permitiam impor-se. Revelou-se um trabalhador incansável, sem no entanto negligenciar os amigos nem seu convívio mundano. Deve-se primeiro levar em conta sua vida afetiva, em particular as relações que manteve com os pais e as duas fases sucessivas, radicalmente diferentes, da sua vida amorosa. Entre sua vida privada e sua vida pública, sublinhemos também o papel essencial desempenhado por dois clubes de encontros e debates que marcaram a história das ideias e das artes da Grã-Bretanha, clubes aos quais ele permaneceu fiel a vida inteira. Quanto à vida pública, é a de um astro que passa instantaneamente de um domínio a outro, com frequência chamando a atenção, irritando e seduzindo ao mesmo tempo.

1. **A vida privada** – Do começo ao fim, um excepcional êxito edipiano: Keynes viveu a vida inteira sob o olhar inquieto e admirativo dos pais e os satisfez. Se aceitarmos que a personalidade de um menino se forja entre o desejo de seduzir a mãe e o de vencer seu rival, o pai, cumpre admitir a exemplaridade do sucesso de Maynard, que soube fazer isso de modo suave em relação aos pais. De fato, a cumplicidade com o pai é inegável, sobretudo na juventude de Maynard. As primeiras divergências são de ordem política: ele é liberal (*Whig*) desde a guerra dos Boers (1899-1902), enquanto as opiniões do pai são mais conservadoras. À medida que o tempo passa, Maynard se aproxima da mãe, que tem preocupações sociais muito declaradas. O pai, angustiado, sofrendo de enxaquecas, é um intelectual estimado por seus pares, mas no plano profissional é um homem dominado. Renunciou à carreira de pesquisador e se dedica a tarefas acadêmicas honoríficas e absorventes. A figura paterna a abater é, sem dúvida nenhuma, Alfred Marshall, colega e amigo

maçante de Neville e líder indiscutido da economia da época. Quando Marshall retorna a Cambridge, em 1885, ele toma de Neville quase todos os cursos de economia que este ministrava, mas em 1890 lhe propõe ser redator-chefe da *Economic Journal*. Neville recusa o cargo (que Maynard assumirá mais tarde), assim como se recusará a publicar nessa revista, a despeito das pressões amistosas do diretor nomeado em seu lugar, F. Edgeworth. Anteriormente, Neville havia recusado a matemática para estudar lógica e economia, enquanto Maynard tentará primeiro a matemática, para depois se dirigir às probabilidades e à economia.

Compreendem-se então as reticências do jovem Maynard em relação à proteção invasiva de Alfred Marshall, que parece ter transferido ao brilhante rebento toda a solicitude dominadora que manifestava para com Neville. A trajetória intelectual de Maynard consistirá primeiro em evitar a carreira acadêmica e a economia, para depois se apropriar das análises de Marshall, antes de transformá-las radicalmente por dentro.

É o filho vingando o pai através de sua criação e, mais que isso, sob os olhos da mãe: esse combate magnificamente sublimado afirma-se no começo dos anos 1920, num momento de virada da vida amorosa de Maynard. Ele passa de uma caçada homossexual intensiva – teve múltiplos amantes, como troféus de colecionador – à segurança afetiva de um casamento estável fora do qual não se sabe de novas aventuras. Entre seus casos amorosos mais importantes figuram o pintor Duncan Grant e o escritor Lytton Strachey, que ele protegeu no momento em que foram levados ao tribunal por causa do seu pacifismo, e com os quais manteve a amizade.

Lydia Lopokova, que ele conheceu em 1918, mudou-se em 1922 para Gordon Square, 50, quase ao lado da residência londrina de Keynes, de 1916 até sua morte. Ele casa-se com ela em 1925 e se esforça para impô-la, uma artista estrangeira, junto aos amigos. Chegará mesmo a usar um dos filhos de Vanessa Bell, o jovem Quentin, como instrumento: aos sábados de manhã, ele o convida a passear de carro por Londres, explicando-lhe durante horas a história da Inglaterra a partir dos monumentos da cidade. Quentin acaba compreendendo que esse ciclo de conferências não se destina de fato a ele, mas a Lydia, que está no carro e a quem Maynard, indiretamente, oferece uma educação britânica. Lydia abandonará a dança em 1933, mas fará experiências no teatro, pouco favorecidas por seu sotaque, apesar dos exercícios conduzidos naturalmente pelo próprio Maynard. Uma grande harmonia emana desse casal improvável, certamente por se basear em uma admiração recíproca. Maynard era sincero em sua paixão pela arte, que punha muito acima da economia, e Lydia soube ser sua parceira, criando com ele o teatro de Cambridge, ao mesmo tempo em que protegia com firmeza e discrição o economista inovador no saber de sua época.

2. **Os "apóstolos" e "Bloomsbury"** – Duas redes muito fechadas asseguraram a formação intelectual, política e artística de Keynes, ao mesmo tempo em que propiciaram encontros amorosos e com amigos. Uma delas é uma instituição típica das universidades inglesas desde o século XIX: os "apóstolos". A outra é um grupo de artistas boêmios: "Bloomsbury".

Os "apóstolos" são uma sociedade estudantil de discussão, fundada em Cambridge em 1820, cujo princípio é um encontro todo sábado à noite no apartamento do moderador, encarregado de ler um ensaio, antes de se iniciar um debate seguido de uma votação. Essa sociedade é em princípio secreta, composta de doze membros ativos e escolhidos para o resto da vida, o que levou a batizá-los de apóstolos. No final de seus estudos, o apóstolo torna-se um "anjo", é substituído por um novo membro, mas pode continuar a participar. Keynes, introduzido em 1903, torna-se um "anjo" em 1910 e permanecerá ativo até 1937. Os temas abordados vão da filosofia à história, passando pela moral. A regra é estar em busca da verdade e da sinceridade. Entre os apóstolos figuram vários universitários famosos de Cambridge: no tempo de Neville Keynes, o economista Henry Sidgwick; junto com Maynard, o filósofo George E. Moore, os lógicos e matemáticos Bertrand Russell e Alfred Whitehead, e o economista Ralph Hawtrey. Keynes apresentará diante desse grupo seus primeiros ensaios, dedicados à história, à moral e à arte. O futuro escritor e historiador Lytton Strachey faz parte desse cenáculo desde 1902, além de três outros integrantes que também estarão no "grupo de Bloomsbury": Saxon Sidney-Turner, Leonard Woolf e Roger Fry.

Esse outro grupo, mais informal, inclui também dois outros estudantes amigos, Clive Bell e Thoby Stephen, cujas duas irmãs são Vanessa e Virginia Stephen. Uma, pintora, casa com Clive em 1907 e passará a ser Vanessa Bell; Virginia, romancista, desposa Leonard em 1912 e ficará célebre com o nome de Virginia Woolf. Vanessa, instalada desde 1904 no bairro londrino (então mal-afamado) de Bloomsbury, cria em 1905, incentivado por seu irmão Thoby, o "Friday Club", na verdade um salão, mas boêmio, cujas atividades são duplas: a discussão e a organização de exposições de pintura. Thoby morre de febre tifoide, em 1906, e Vanessa assume o comando do grupo. Em 1903, ela conhece o pintor Duncan Grant, primo de Lytton Strachey, a quem apresenta Keynes em 1907.

Nesse salão de intelectuais e de artistas, a arte e o amor estão no centro, mas a palavra falada reina ainda mais. Em oposição à moral vitoriana e puritana da qual a Grã-Bretanha ainda não se desfez no começo do século XX, esse grupo professa uma moral emancipada, amplamente inspirada pelo filósofo (e apóstolo) Moore, que marcou profundamente Keynes. Nesse palco de contradanças amorosas e ligações múltiplas, evolutivas e indefinidamente comentadas, Keynes participa sobretudo como amante de Duncan Grant, de 1908 a 1915. Duncan e Vanessa Bell vão decorar com afrescos as residências de Keynes em Londres e em Cambridge. Eles multiplicam as iniciativas para fazer o público inglês conhecer os pintores modernos, organizando, em particular, uma controvertida exposição em Londres, em 1910-1911, "Manet e os pós-impressionistas", e professando uma admiração por Cézanne, que figura entre os inspiradores de sua pintura. Keynes, por sua vez, já começou uma carreira de colecionador e comprador de quadros, sobretudo de Cézanne.

Uma das principais aberturas que Keynes deve a Bloomsbury é a psicanálise, que vai inspirá-lo nas suas análises sobre o dinheiro e o entesouramento. Pode-se considerar que, ao falarem de suas emoções de adolescentes tardios e cultos, os membros do grupo antecipavam práticas da psicanálise. Em 1914, o grupo de Bloomsbury discute o livro de Freud *A psicopatologia da vida cotidiana*. Mais tarde, a Hogarth Press, editora criada e dirigida por Leonard Woolf, publicará as obras de Freud em tradução inglesa.

A partir da guerra, Bloomsbury não é mais exatamente o mesmo. Keynes tornou-se uma personalidade pública e muito solicitada. Há uma dispersão, embora a rede se mantenha. O núcleo de Bloomsbury torna-se então um refúgio, geralmente fora de Londres, por exemplo na casa de campo de Charleston (Sussex) onde vivem Vanessa Bell e Duncan Grant. Durante a guerra, Maynard reúne-se a eles nos fins de semana, divididos em dois momentos: um em que trabalha freneticamente, outro em que arranca ervas daninhas, também freneticamente. Posteriormente fará temporadas mais longas em Charleston, durante as férias de verão. Fiel aos amigos, apesar da persistente hostilidade deles em relação a Lydia, Keynes será um leitor regular – e comentador temido – de Virginia Woolf. E seu gosto pela natureza o levará, na sua própria casa de campo de Tilton, a ser, se não agricultor, pelo menos empreendedor agrícola. Da arte à agricultura, da gratuidade à autossuficiência, não há ruptura: esses símbolos da "vida boa" sempre atraíram Maynard.

3. **A vida pública** – Além do ensino, seu ativismo se exerceu em quatro domínios públicos principais: as finanças e a especulação, a política, o jornalismo e a proteção das artes. O ensino foi rapidamente limitado ao suficiente. Keynes procurou desde o início não ser um assalariado que dependesse de um patrão ou de uma instituição. A posição de *fellow* permitiu-lhe reduzir suas aulas assim como o número de estudantes que devia orientar. Mas isso não diminuiu seu envolvimento com a Universidade, muito pelo contrário: participou da gestão das finanças de Eton e, em 1924, foi nomeado primeiro-tesoureiro do King's College em Cambridge, cargo que conservará até a morte.

Utilizando desde os 22 anos de idade seu capital (obtido de recompensas escolares e de presentes de aniversário dados pelo pai) para comprar ações, Keynes também intervém, a partir de 1919, no mercado cambial. Usa seus próprios fundos, mas também os da família e os dos amigos de Bloomsbury. Aposta no dólar contra a libra esterlina e o marco, e conhece a ruína em 1920. Graças a uma ajuda do pai, aos ganhos obtidos por seu livro *The Economic Consequences of the Peace* e a especulações mais felizes, consegue se restabelecer. De um modo geral, os resultados de seus investimentos e especulações foram melhores nos anos 1930 do que nos anos 1920. Em 1928, porém, especula com matérias-primas e engana-se de novo, o que faz que não tenha grande coisa a perder em 1929. Em 1936, após ter comprado um grande estoque de trigo que não consegue vender, pede para armazená-lo... na nave da igreja do King's College, do qual é tesoureiro. Enfrenta uma recusa, ganha tempo e consegue enfim fazer escoar seu estoque. Em 1937-1938, especula em Wall Street e perde dois terços dos seus ativos. Por outro lado, com a colaboração de O. T. Falk, funda sucessivamente três companhias de investimento e ocupa uma série de cargos na direção ou nos conselhos de seguradoras. No final da vida, Keynes possui um patrimônio bastante razoável.

É em 1921 que Keynes se torna realmente jornalista. Passa a colaborar de forma regular (e remunerada) no *Manchester Guardian*, do qual é o correspondente durante a conferência de Gênova, em 1922. Entre 1922 e 1923, redige uma série de doze artigos sobre *Reconstruction in Europe*. Mas não fica só nisso, e amplia suas atividades às de diretor e criador de órgãos de imprensa. Em 1923 torna-se presidente do conselho administrativo do periódico liberal *Nation and Atheneum*, no qual convida seus amigos de Bloomsbury a escrever. E ele mesmo escreve com frequência, seja em seu próprio nome, seja como autor anônimo, ou ainda sob o pseudônimo de Siela. Em 1931 realiza a fusão desse periódico com o *New Statesman*, passando a presidir o conselho administrativo do *New Statesman and Nation*. Até o fim da vida utilizará os jornais e os programas radiofônicos como vetores de suas intervenções.

O essencial da vida política de Keynes consistiu em ser conselheiro econômico do Partido Liberal. Sabe-se que a vida política inglesa organiza-se tradicionalmente em torno da alternância de dois partidos políticos principais. Durante o século XIX, foi a oposição dos *Whigs*, liberais, e dos *Tories*, conservadores. Os liberais são a favor do livre-câmbio e situam-se à esquerda do espectro político. Na época de Keynes emerge um terceiro partido, o Partido Trabalhista, o *Labour*, que aos poucos tomará o espaço do Partido Liberal, deslocando-o a uma posição de centro. Keynes estará constantemente ao lado dos *Whigs*, apesar de sua progressiva perda de influência. A partir de 1922 participa regularmente de eventos desse partido e o alimenta com propostas de reformas, sugerindo diversas maneiras de reativar a economia e combater o desemprego. Sua posição política o leva a buscar uma via intermediária entre reação e revolução. Por um breve momento ficou fascinado pela revolução bolchevista, mas logo se distanciou. A partir de 1924 concentra seus ataques contra o *laisser-faire*, a doutrina do liberalismo clássico que se tornou, para ele, um dogma conservador. Uma de suas evoluções mais espetaculares diz respeito às trocas internacionais: é a favor do livre-câmbio nos anos 1920, para depois promover o protecionismo a partir de 1930. Em 1935 distancia-se do Partido Liberal e aproxima-se do Partido Trabalhista. Mas não aprecia as correntes mais radicais desse partido e, explicitando sua recusa de Marx e do marxismo, sente-se próximo dos trabalhistas moderados. Dois economistas trabalhistas, Evan Durbin e Hugh Gaitskell, difundem seu pensamento no partido e, no final dos anos 1930, Keynes participará da elaboração do programa trabalhista, que acaba por adotar durante a guerra uma linha totalmente keynesiana. Há um papel que Keynes poderia facilmente ter desempenhado e não desempenhou: o de político eleito. Várias vezes solicitado para ser deputado, inclusive, em 1940, pelos três partidos políticos ao mesmo tempo, ele recusou. Tendo acesso permanente às altas esferas do poder, teve influência em outros canais: em tempos de paz foi o intelectual de prestígio, crítico e inspirador; em tempos de guerra, o alto funcionário independente e indispensável. Um burguês tecnocrata, convencido de que a elite deve governar.

Amante da arte, Keynes sempre disse que gostaria de ter sido artista. Durante a juventude exprimiu-se longamente sobre as emoções estéticas, distinguindo vários tipos de beleza. Colecionador de quadros, ajuda e estimula pintores, tornando-se, com Lydia, protetor das artes e mecenas. Também com ela promove a Camargo Society, de 1930 a 1934, que organiza balés após o desaparecimento de Diaghilev. Cria o Arts Theatre de Cambridge, inaugurado um dia antes da publicação da *Teoria geral*, em 1936. A instituição apresenta peças de teatro, obviamente, mas também óperas, balés, música e cinema. Com sua onipresença usual, Maynard controla inclusive os cardápios do restaurante bem como a carta de vinhos do teatro, e chegou até a trabalhar (mal) na bilheteria. Em 1938, doa o teatro, agora rentável, à cidade e à universidade de Cambridge, em homenagem – diz ele – a seus pais. Enfim, durante a guerra, cria e administra com atenção e orgulho o Conselho das Artes, órgão destinado a proteger os artistas naqueles tempos difíceis e a promover uma criação de alto nível.

Ao cabo dessa rápida evocação de uma vida excepcionalmente ativa, podemos ser tomados de vertigem. Num mesmo dia comum, ao despertar em Cambridge, Keynes ficava primeiro na cama lendo os jornais, dando ordens relativas à Bolsa e pondo em dia a correspondência, depois recebia estudantes e organizava um debate, antes de pegar um trem para Londres com uma pasta repleta de papéis a serem lidos durante o trajeto, a fim de participar de um comitê ministerial, em seguida de um conselho administrativo de jornal, e por fim um jantar político-mundano ou um espetáculo. Essa agenda saturada não significa, porém, um descontrole. Ela condensa contradições que se revelaram criadoras. Keynes era um hedonista e um trabalhador incansável, um pacifista que por duas vezes organizou o esforço de guerra de seu país, um especulador que queria neutralizar a especulação, um homem de negócios à espreita de oportunidades mas que desprezava o dinheiro, um mundano cáustico e um intelectual em pesquisa constante, e sobretudo um economista que não queria ser só economista. Ele sempre se lançou além dos limites tradicionais da disciplina, o que muitas vezes lhe foi criticado, mas que sem dúvida alimentou sua marcha de criador.

Capítulo 2
As etapas de um avanço

Em 6 de janeiro de 1935, Virginia Woolf ironiza, em seu diário, uma "colossal presunção" do seu amigo Maynard: Keynes fala, numa carta, de um livro que está escrevendo (que será a *Teoria geral*) e anuncia com a maior simplicidade que vai revolucionar o pensamento econômico. Toda a leitura da sua obra se organiza em torno desta pergunta: como ele chegou a esse anúncio, e qual é seu conteúdo, sua significação?

Para quem aborda a impressionante coleção em trinta volumes dos *Collected Writings of John Maynard Keynes*, publicados de 1971 a 1989, o que primeiro chama a atenção é a diversidade de assuntos abordados, de estilos e de formatos. As contribuições vão do ensaio histórico ou estético aos breves artigos polêmicos, passando por numerosas biografias e pelos trabalhos de economia propriamente ditos. Essa coleção é dominada por três grandes obras com títulos muito gerais: *Treatise on Probability*, enfim publicado em 1921, mas cujas primeiras versões datam de 1908; *Treatise on Money*, em dois tomos, publicado em 1930; e, evidentemente, *General Theory of Employment, Interest and Money*, de 1936.

Uma dupla ambição percorre esses escritos: de um lado, a intervenção no dia a dia, em reação a um acontecimento ou a um conjunto de acontecimentos; de outro, uma visão teórica de muito longo prazo. Embora seja evidente que a contribuição principal de Keynes se encontra na *Teoria geral*, é necessário reconhecer que as etapas do seu pensamento econômico não mostram um avanço linear. Keynes toma caminhos enviesados, tanto na evolução de suas problemáticas ao longo do tempo quanto no próprio desenrolar de suas exposições mais sistemáticas.

Quatro paradoxos chamam a atenção. Em primeiro lugar, seus escritos, em geral de grande qualidade literária, oferecem uma leitura difícil, não obstante o autor dizer-se preocupado com a "persuasão". A argumentação oscila com frequência entre a opacidade e a transparência, visando ora o grande público, ora um público técnico, e isso dentro de um mesmo livro. É particularmente o caso da *Teoria geral*, que Keynes destina a seus colegas economistas mas cujo tom é muitas vezes polêmico ou lírico. O que conduz a um segundo paradoxo: o de um economista situado desde o início no centro de sua disciplina e muito pouco profissional. Filho de um especialista universitário da metodologia econômica, e em contato desde cedo com o principal "líder" da economia da época, Keynes não recebeu uma formação universitária sistemática em economia. Embora iniciado pelo próprio Alfred Marshall, mas brevemente, ele se comporta como autodidata e lê por conta própria, tardiamente, os grandes clássicos. O terceiro paradoxo diz respeito à matemática, que Keynes praticou intensamente e depois abandonou. Ele começou por receber uma sólida formação em matemática e quis ser matemático. A vida inteira mostrou-se apaixonado por estatística, por sua elaboração e seu uso. No entanto manteve-se afastado da formalização matemática, porque introduzia em economia uma falsa clareza, ele dizia. Um último paradoxo, certamente o mais importante, é a coexistência de dois traços contraditórios, um muito conhecido, o outro visível no seu tempo, mas desde então geralmente esquecido. Seguro de si e até mesmo enfatuado ao expor suas convicções, Keynes manifestava uma espécie de arrogância provocadora e se comportava como um astro suscetível. Mas nunca avançava sozinho em suas pesquisas fundamentais, suas formulações eram submetidas de forma sistemática a alguns membros bem-escolhidos do seu meio, para serem ou validadas ou minuciosamente reformuladas. Na sua correspondência observa-se o rasto dessa busca permanente de diálogo e de pontos de apoio, que confinam com uma espécie de humildade: nada menos que 2.800 cartas endereçadas a quatro discípulos e amigos – Gerald Shove, Dennis Robertson, Richard Kahn e Joan Robinson – e a dois colegas – Arthur Cecil Pigou e Piero Sraffa.

Finalmente, essa pretensão de desencadear uma revolução no saber econômico parte de um pesquisador paciente, obstinado, que reuniu a seu redor um grupo de economistas de primeiro plano e que não escreve uma palavra sem o assentimento deles. O individualismo e o trabalho coletivo pontificam ao mesmo tempo no procedimento de Keynes; este resulta de suas intuições pessoais e de seu magnetismo, mas também de uma excitação e de uma elaboração compartilhadas. O desafio, na verdade, é imenso: a criação da macroeconomia moderna, concebida metodologicamente como distinta da microeconomia, e portadora de consequências operacionais em matéria de política econômica e de luta contra o desemprego.

A ruptura reivindicada por Keynes foi contestada já em sua época e, após trinta anos de dominação quase irrestrita sobre o pensamento econômico, hoje o é ainda mais. A fim de explicarmos seu conteúdo e sua significação, convém primeiro falarmos sobre o contexto das intervenções de Keynes, sobre suas motivações, seus inspiradores e as bases da sua concepção do mundo e da economia. Munidos desse guia, poderemos a seguir mostrar algumas grandes etapas da trajetória que o conduziu às intuições principais da *Teoria geral*.

I. Um motivo e uma alavanca: ultrapassar Alfred Marshall

Os modelos implícitos ou explícitos que Keynes conserva em mente a vida inteira não são economistas. Primeiro ele é marcado pelo encontro com um filósofo de Cambridge, um dos "apóstolos": George Moore. Seu panteão pessoal compreende um matemático-filósofo, Leibniz; um físico, Newton, o mais célebre dos cientistas de Cambridge, que o fascina (ele comprará sua máscara mortuária e 150 de seus manuscritos); e um biólogo, Darwin, cujo rumo intuitivo para a teoria da evolução ele comenta. Por outro lado, Keynes conheceu e admirou, e até mesmo invejou, dois meteoros da filosofia e da matemática: Ludwig Wittgenstein (1889-1951) e Frank Ramsey (1903-1930), que terão, ambos, a ocasião de comentar negativamente e mesmo cruelmente seus trabalhos sobre as probabilidades. Entre seus modelos e inspiradores encontra-se, enfim, Sigmund Freud, que ele começou a ler antes da guerra de 1914.

No que se refere à economia, há Alfred Marshall, sem dúvida, de quem se distancia a partir de 1922, embora conservando partes essenciais do seu pensamento. Por isso é necessário examinar mais de perto as bases da sua adesão e do seu distanciamento.

1. **Economistas, pai e filho** – É curioso observar que, entre os maiores economistas, entre os gigantes que, depois da época dos primeiros fundadores, dominaram a disciplina – Stuart Mill, Marx, Walras e Keynes –, somente Marx não teve um pai economista. O pai de Marx

era advogado e conselheiro jurídico. Quanto aos outros três, tem-se a impressão de que se empoleiraram, de certo modo, nos ombros dos pais, realizando o que estes puderam sonhar ou preparar. Estamos ainda antes do mundo dos economistas puramente profissionais e no núcleo de uma burguesia que busca se autorreproduzir. James Mill foi um dos principais economistas clássicos e, sobretudo, um dos fundadores do utilitarismo. Seu filho John Stuart Mill, após uma grave crise psicológica durante a juventude, tornou-se com brilho o último economista "clássico" inglês e ajudou a reformar o utilitarismo. A continuidade entre os franceses Auguste e Léon Walras é evidente, o filho vindo sistematizar as intuições do pai.

As relações entre Maynard e Neville Keynes são um pouco mais complexas. Por muito tempo o diálogo entre os dois foi forte e às vezes simétrico. Em 1906, Maynard ajuda o pai a atualizar seu livro *Studies and Exercises in Formal Logic* (de 1884), quando se prepara sua quarta reedição. E Neville relê em 1914 para o filho as provas de *Treatise on Probability*, que só sairá em 1921. A ambivalência de Maynard se percebe numa reflexão de 1906, quando escreve ao pai: "O pior no seu livro é que, ao lê-lo, tudo parece desesperadamente evidente e escapa a toda controvérsia", o que não é um elogio. No entanto as primeiras frases de *Treatise on Probability*, que ele escreve então, são um decalque da definição da lógica proposta por Neville... Portanto, ele se apoia nas formulações mesmas do pai. O livro principal de Neville é sobre a metodologia da economia: *The Scope and Method of Political Economy*, cuja primeira edição data de 1891, e intervém no grande debate que opunha, no século XIX, os partidários da dedução e os da "escola histórica", indutiva. Neville busca uma conciliação, embora se inclinando mais para os partidários da dedução. Toda a obra de Keynes, filho, se situará em oposição à afirmação principal do livro, segundo a qual haveria um núcleo central de economia "positiva" por princípio independente de qualquer posição ética ou normativa. Mas o livro de Neville, eclético e conciliador, legitima a utilização de vários métodos em economia: um, positivo, abstrato e dedutivo; outro, ético, realista e indutivo. Assim há lugar para todo o mundo... e as oposições de Maynard não se polarizarão sobre o pai. De resto, com o passar do tempo, este se retira numa vida de jogador de golfe e de *bridge*, de colecionador de selos, borboletas e discos de ópera.

2. **A revolta contra o puritanismo vitoriano** – Cognominado o "profeta de Bloomsbury", o filósofo George Moore (1873-1958) é o autor de um livro, *Principia Ethica*, publicado em 1903, que provoca um entusiasmo quase delirante entre os "apóstolos" de Cambridge e que foi, segundo Gilles Dostaler*, o livro que mais influenciou Keynes. Esse livro possibilita uma revolta contra o ambiente da época. O reinado da rainha Vitória durou de 1837 a 1901 e corresponde ao período durante o qual a Grã-Bretanha dominou o mundo. Empresários, militares, homens de finanças e de Estado ingleses modelaram à imagem desse reinado, para sua vantagem, o capitalismo e a sociedade modernas. Essa dominação foi acompanhada pelo crescimento do pensamento econômico e de uma ideologia que ligava uma doutrina filosófica ateia, o utilitarismo, e uma corrente religiosa e moral, o puritanismo. Tudo converge para o elogio da poupança e do esforço a longo prazo, em detrimento dos prazeres imediatos, tendo em vista a acumulação de riquezas. Moore rompe de maneira brilhante com a maior parte das doutrinas morais

---

* Gilles Dostaler. *Keynes et ses combats*, Paris: Albin Michel, 2. ed., 2009, p. 44.

em vigor. Ele parte da impossibilidade de definir o bem e confia na intuição para privilegiar os estados de espírito ligados aos prazeres estéticos e às afeições pessoais. Assim sua moral repousa sobre as emoções e despreza tanto a riqueza quanto o poder e o sucesso. Atém-se ao imediato no que se refere à ação, já que ignoramos completamente o futuro distante. A ideia segundo a qual se pode avaliar as consequências, mesmo prováveis, dos atos a fim de escolher um partido é, segundo ele, fundamentalmente falsa. Eis aí um tema central nos trabalhos de Keynes sobre as probabilidades e que reaparecerá também na *Teoria geral.* Assim é preciso confiar, sem ilusões, nas convenções do senso comum, e nesse ponto Moore não rompe completamente com a moral vitoriana. Baseados nessas ideias, os "apóstolos" e o grupo de Bloomsbury vão reivindicar uma espécie de imoralismo que os libertaria das interdições de sua época.

É evidente que Keynes não seguiu ao pé da letra as prescrições de Moore. Em particular, ele buscou de maneira assídua, e com o maior sucesso, a riqueza, o poder... e o sucesso. Mas a marca de Moore será indelével. O próprio Maynard reconhecerá isso em 1938, em *My early Beliefs* [Minhas primeiras crenças], dizendo que essa doutrina permaneceu para ele uma religião, comparado à qual "o Novo Testamento é um manual para políticos". Quanto à concepção da ação humana, Keynes irá mais longe que Moore e sua aceitação do senso comum, reivindicando o imoralismo de Bloomsbury, mas também explorando, numa perspectiva próxima de Freud, os meandros das motivações humanas, o que ele chamará os "espíritos animais". A economia (ciência do enriquecimento e do cálculo interesseiro) permanece, a seu ver, numa posição muito secundária frente às alegrias e aos sofrimentos do amor e da criação, e Keynes se situará sempre mais além. Se ele se tornou economista, foi por não ter podido ser artista; mas a decepção transforma-se às vezes em arrogância, como testemunha esta declaração de 1934, durante uma controvérsia com o escritor George Bernard Shaw: "O problema econômico não é muito difícil de resolver. Eu me ocuparei disso, se o senhor não se importa".

3. **O que é ser marshalliano?** – O pai intelectual de Keynes, aquele que o formou, no qual acreditou e a quem se opôs, é Alfred Marshall. Essa figura dominante e mesmo esmagadora da economia inglesa, entre 1890 e 1920, quis ao mesmo tempo criar um consenso em torno de sua disciplina e profissionalizá-la. Marshall intervém depois que a "revolução marginalista" de 1870 fez aparecer simultaneamente em três países uma nova escola, a "escola marginalista". Walras na França, Menger na Alemanha e Jevons na Grã-Bretanha são autores que rompem com a economia política dita "clássica", a de Ricardo, Say e Stuart Mill. Partidários do valor-utilidade, eles raciocinam em termos de atores individuais que praticam a otimização sob pressão e se interessam pelo equilíbrio do mercado. Marshall busca reconciliar essa nova escola, à qual pertence, com a antiga, em geral centrada no valor-trabalho e no estudo dos custos de produção. Ele observa que a utilidade permite caracterizar a demanda (que emana dos consumidores), enquanto a oferta (os produtores) busca minimizar os custos de produção. A oferta (os custos) e a demanda (a utilidade) determinam assim conjuntamente, como as duas lâminas de uma tesoura, o equilíbrio do mercado. Deve-se a Marshall um grande número de ferramentas usuais do economista, como o conceito de equilíbrio parcial (processo e situação de igualização da oferta e da demanda num único mercado, tomando como dadas suas ligações com outros mercados) e o conceito

de elasticidade (relação de duas variações relativas, que permite quantificar a influência de uma variável sobre a outra). Ele é também o fundador do que será a economia industrial, ou seja, o estudo das condições de desenvolvimento das empresas num dado setor. Deixou ainda sua marca em teoria monetária, ao elaborar uma versão particular da "Teoria quantitativa da moeda", que Keynes utilizou amplamente e depois abandonou.

Essas contribuições, porém, são menos importantes aqui do que as orientações metodológicas gerais que Marshall defendeu, e que Keynes sempre retomou. Entre elas, a instrumentalidade da economia, que deve servir para resolver problemas concretos, as limitações dos raciocínios matemáticos e estatísticos, os méritos do senso comum e dos esforços de formulação e criação de uma linguagem adaptada, e a hostilidade em relação ao sujeito econômico calculador postulado pelos autores marginalistas, o *homo economicus*, que ele considera ao mesmo tempo precisa demais e simplista demais. Diferente das ciências naturais, a economia, segundo Marshall e depois Keynes, é uma ciência moral, que deve ser realista e desenvolver um conteúdo analítico. A escolha dos bons modelos depende de uma observação atenta, ainda mais que o material muda com o tempo.

Adotando uma simplificação retrospectiva, pode-se então opor duas versões diferentes da "teoria neoclássica": de um lado, a que Marshall desenvolveu na maior parte de seus trabalhos e que seus sucessores retomaram, em particular Pigou e, por um tempo, Keynes; de outro, a que prevalece hoje, oriunda dos trabalhos de Walras: a teoria do equilíbrio geral walrasiano. Claro que ambos os lados partem da ideia de que os agentes maximizam sua utilidade e os produtores seu lucro, que o confronto deles conduz ao equilíbrio dos mercados graças à concorrência, esta se definindo com uma situação em que os atores do mercado não têm isoladamente influência sobre os preços. Esse vocabulário comum esconde, porém, diferenças essenciais.

Na tradição do equilíbrio geral walrasiano, o equilíbrio é definido pela necessária coerência dos planos dos diferentes atores. Essa tradição se concentra nos princípios da alocação eficiente e admite uma lógica atemporal de formalização das escolhas. Ela postula uma racionalidade dita "substantiva", pela qual os comportamentos observados resultam de otimizações sob pressão. O que supõe que os decisores conhecem, ao menos de maneira provável, suas verdadeiras possibilidades de escolha, podendo avaliar suas consequências possíveis em termos de utilidade. Tal posição tem uma consequência delicada: todos os atores devem efetuar suas escolhas ao mesmo tempo, inclusive as escolhas futuras. É preciso, portanto, supor que eles têm uma capacidade perfeita de previsões, se não exatas, pelo menos prováveis. Não se trata de modelizar o funcionamento efetivo dos mercados: postula-se a intervenção de um "pregoeiro", operador fictício que reúne todas as informações sobre os agentes de trocas e obtém o preço de equilíbrio que compatibiliza todos os seus planos.

A versão marshalliana é, como vimos, mais "realista". Ela conserva a analogia com a física e as leis da gravitação, que já havia inspirado os economistas clássicos. Como observa Keynes em sua homenagem de 1924, Marshall busca identificar as leis do movimento da sociedade e, para tanto, constrói um "sistema copernicano". Ele afirma por exemplo que, enquanto o lucro é positivo, os capitalistas são levados a acumular. Trata-se assim de um comportamento adaptativo. A maximização da utilidade ou do lucro diz respeito às motivações, não às realizações, e observam-se comportamentos de aprendizagem racionais em ambientes familiares. Assim são necessárias regras estáveis, e a natureza do quadro institucional que fixa essas regras influi sobre o equilíbrio para o qual tende o processo que sofre a gravitação. O equilíbrio se define, portanto, como o estado no qual a lei de movimento parou de operar. Ao evitar a ideia do "pregoeiro", essa concepção se concentra nos comportamentos adaptativos dos agentes, que compram mais se o preço é menor que o previsto, e menos no caso contrário.

De início Keynes adotará sem reticências essa concepção dinâmica e adaptativa da economia, vai defendê-la e aplicá-la. Depois, desenvolvendo sua intuição de que o capitalismo não se organiza espontaneamente em torno de tendências reequilibradoras, mas pode se atolar na sua trajetória, acabará abandonando essa concepção. Dela conservará, porém, muitos elementos de base, de certo modo virando Marshall contra si mesmo ao levá-lo além de seus limites.

Uma última precaução se impõe. A inscrição de Keynes no seio da tradição marshalliana é indiscutível, mas a obra do próprio Marshall não é isenta de ambiguidades. A oposição termo a termo entre Walras e Marshall não tinha, na época, a evidência que alguns autores lhe atribuem hoje. Na obra de Marshall, marcada pelo ensino oral e por um propósito conciliador, há importantes passagens quase walrassianas no sentido em que acabamos de defini-las. Essa ambiguidade reaparecerá em Keynes, inclusive no que ele conserva da herança marshalliana rejeitada.

4. **O começo de Keynes economista** – Em 1908, Keynes se engaja na economia e se especializa na moeda. Talvez o acaso tenha tido um papel aqui. Como Marshall estava se aposentando, não havia ninguém em Cambridge

que quisesse ou pudesse assumir uma das disciplinas que ele deixaria, "Moeda, crédito e preço". Com isso Pigou, sucessor de Marshall, impõe a Keynes, o último a chegar, esse curso. Mas duas razões mais positivas podem ter intervindo. A primeira é que Marshall havia publicado muito pouco nesse domínio, mesmo tendo, em realidade, refletido bastante sobre a questão. A segunda é que Keynes pôde utilizar os conhecimentos e os dados que reuniu em sua passagem pelo India Office. Seu primeiro artigo econômico aparece em 1909 na revista *Economic Journal* e intitula-se "Os recentes acontecimentos econômicos na Índia". Esse país, antes de 1893, tinha um regime monometalista-dinheiro, esse metal sendo moeda de reserva. Tendo a Grã-Bretanha um regime monometalista-ouro (o padrão-ouro), disso resultavam dificuldades para a Índia, à medida que o dinheiro se desvalorizava em relação ao ouro. A reforma de 1893 levou a um sistema em duas etapas: a rupia foi vinculada ao ouro para os pagamentos internacionais, enquanto os pagamentos internos permaneciam organizados em torno de papéis convertíveis em dinheiro. Como esse sistema entrou em crise em 1907-1908, o artigo de Keynes, ponderado e erudito, busca soluções, sem decidir a questão de uma eventual adoção do padrão-ouro. A partir de então, Keynes é reconhecido como o especialista da questão monetária indiana! Uma conferência na Royal Economic Society, em 1911, lhe abre as portas para o primeiro sucesso: propõem-lhe o cargo de redator-chefe da *Economic Journal* e, dois anos mais tarde, o de secretário geral da Royal Economic Society, cargo que ocupará até a morte. Em 1913 ele publica seu primeiro livro, *Indian Currency and Finance*, no qual marca mais explicitamente seu distanciamento em relação ao padrão-ouro, embora sem fazer teoria e sem abandonar um tom respeitoso.

Na base dos argumentos de Keynes, a teoria marshalliana da moeda e do nível dos preços oferecia, é verdade, bastante realismo e flexibilidade. Ela se resume no que se convencionou chamar a "equação de Cambridge", que se opõe à formulação padrão da Teoria quantitativa da moeda, do americano Irving Fischer (1911). Fischer escreve a seguinte equação: $MV = PT$, onde M designa a massa monetária, V o número de vezes que ela é utilizada durante um dado período, isto é, a velocidade de circulação da moeda, P o nível dos preços e T o volume das transações. Essa equação, que contém uma tautologia, privilegia o ponto de vista das transações. Por outro lado, se T e V permanecem constantes, o nível dos preços depende diretamente da massa monetária. A "equação de Cambridge" (proposta por Marshall desde 1871) formula-se de outro modo: $M = kPNy$, onde M e P conservam sua significação, N designa a população, y a renda per capita e k a proporção do rendimento que os agentes desejam conservar de forma líquida. Assim, o ponto de vista das reservas desejadas é que é valorizado. Pode haver uma diferença entre venda e compra, a moeda pode ser um ativo demandado por si mesmo. Portanto, a relação quase mecânica entre massa monetária e elevação dos preços, postulada na formulação de Fischer, não é a única possível: a consideração de comportamentos de entesouramento ou de fuga diante da moeda vem complexificar a análise e torná-la mais realista.

Depois da guerra, quando o problema número um passou a ser a inflação decorrente das despesas e das destruições causadas pelo conflito, Keynes conserva sua concepção marshalliana da moeda e redige *A Tract on Monetary Reform*. Nesse livro, opondo-se a Fischer, ele dirige sua atenção aos mecanismos de curto prazo que podem perturbar a relação entre massa monetária e nível dos preços. Portanto, não se deve esperar que os mecanismos de mercado compensem o desequilíbrio. E ele lança esta fórmula que ficou célebre: "A longo prazo estaremos todos mortos". Assim é preciso levar em conta variações de comportamento dos atores e não lutar contra a inflação por uma restrição rígida da criação de moeda. Segue-se uma segunda fórmula célebre: "O padrão-ouro já é uma relíquia bárbara". Uma mudança de orientação está ocorrendo.

II. Três longas batalhas, um avanço

Keynes não é de maneira alguma o inventor da política que consiste em lutar contra o desemprego por um programa político, por um estímulo estatal na forma, particularmente, de grandes obras. Essa política já pairava no ar dos anos 1920 e era pregada por muitos. Mas o que ele buscou, e encontrou, foi uma argumentação sistemática capaz de justificá-la, quantificá-la e articulá-la com outras políticas. A *Teoria geral* sucede a dois outros livros importantes por seu alcance, seu volume e suas contribuições; livros com os quais ele se envolveu longamente mas que não tiveram o mesmo sucesso, longe disso. O primeiro, o *Tratado sobre a probabilidade*, coloca uma questão de método e de lógica, antes mesmo de Keynes dedicar-se à economia. O segundo condensa cerca de dez anos de reflexão sobre um aspecto central de toda economia, o fato de ela funcionar graças à moeda.

1. ***Treatise on Probability* (1905-1921)** – *Keynes* elabora entre 1905 e 1907 a tese que produzirá *Treatise on Probability.* Ela se destina a abrir-lhe as portas da Universidade, a permitir-lhe o acesso ao cargo de *fellow.* É como filósofo e matemático que ele se lança e quer impressionar, mas não convence de imediato. Apresentada uma primeira

vez em dezembro de 1907, a tese de Keynes suscita as reticências de um dos examinadores, o matemático Whitehead, e um outro candidato é escolhido. Ele a retoma em seguida, atenua algumas de suas formulações e é finalmente admitido como *fellow* no ano seguinte. A tese será reescrita, a seguir, para fins de publicação. Nesse momento Keynes inaugura sua maneira de trabalhar em estrita colaboração: associa a seus trabalhos os lógicos-matemáticos B. Russell e W. E. Johnson, e aquele que continua sendo seu principal inspirador, o filósofo G. Moore.

Retomando e prolongando as advertências de Moore, Keynes se opõe à maior parte das teorias desenvolvidas anteriormente no domínio das probabilidades. A lista dos autores criticados e mesmo desqualificados pelo jovem doutorando é impressionante. Ela compreende Condorcet, Bernouilli, Bentham, Laplace, Edgeworth, mas também Poisson, Cournot, Boole e o estatístico Pearson (que ele atacará em 1910-1911, numa polêmica que repercutiu). O ponto de partida é a constatação de Moore sobre a incerteza radical que domina tanto nossas previsões quanto nossos atos. Os autores que desenvolveram o cálculo das probabilidades partem dos jogos de azar e utilizam a lei dos grandes números. As probabilidades são então os valores limites de eventos cujas ocorrências em série se multiplicam. Essa concepção pode ser qualificada de "quantitativa", "frequencial", "estatística" e "matemática". De acordo com Keynes, seguindo nesse ponto Moore, ela é falsa com exceção do caso restrito de alguns jogos de azar, e não se aplica, em particular, no âmbito da economia e do social. Os assuntos humanos são marcados pela precariedade e, portanto, pela imprevisibilidade; além do mais, as evoluções econômicas e sociais pertencem a uma "totalidade orgânica" na qual o todo é superior à soma das partes. Essa visão radical da incerteza, e a constatação da não pertinência dos cálculos probabilistas, estão presentes no livro célebre de Frank Knight, *Risk, Uncertainty and Profit*, escrito independentemente e publicado também em 1921. Knight opõe o risco, cuja análise depende de probabilidades mensuráveis, à incerteza, que exclui a medida. Mas Keynes não fará então essa distinção, que utilizará mais tarde: ele quer estabelecer uma teoria mais completa das probabilidades.

A probabilidade será definida por Keynes como o "grau de crença que é razoável manter". Trata-se, pois, de um processo subjetivo (enquanto a concepção frequencial se baseava em avaliações objetivas) e de uma relação de natureza lógica entre os enunciados. Keynes recupera aqui uma tradição intelectual ilustrada por Leibniz: se não é possível se basear em acontecimentos que se repetem, é preciso se basear em raciocínios lógicos. A "relação de probabilidade" liga pelo menos duas proposições, a probabilidade de uma dependendo da credibilidade de uma ou várias outras proposições. Essa ligação, para Keynes, é como uma "ideia primitiva" que não depende de uma demonstração, mas de uma evidência. Ele se interessa então pelo "peso", pela confiabilidade que é razoável atribuir a essa evidência em favor desta ou daquela previsão, desta ou daquela perspectiva de ação. Coloca no ponto de partida de todo raciocínio probabilista uma suposição, a que impede atribuir mais probabilidade a um evento em vez de outro, julgados então equiprováveis. Por exemplo, o lançamento de um dado não viciado dá a cada face um sexto de probabilidade de aparecer. Keynes mostra que as condições de validade dessa afirmação são complexas. A seguir, examina o procedimento indutivo, que consiste em generalizar a partir de uma série de experiências. Trata-se, segundo ele, de um processo ativo do espírito e não de um acúmulo cego de casos. A indução só pode se desenvolver a partir de uma probabilidade lógica *a priori* que lhe é exterior, e esse processo dependeria ele próprio de uma apreciação probabilista. Consequentemente, a inferência estatística, que generaliza a partir de uma série de correlações observadas, não tem pertinência quando não especifica o modelo causal que avalia. Se ela se limita a acumular a evidência numa direção dada, isso nada prova em generalidade, pois as condições podem mudar e os mecanismos não foram especificados.

Nesse esforço de teorização muito abstrata, Keynes teve, além de Moore, dois aliados principais. Um foi Russell, pois *Treatise on Probability* tendia a mostrar que a lógica tinha mais generalidade do que a matemática e era a única capaz de fundar o pensamento racional; esse trabalho aparece como uma ilustração possível da corrente a que Russell pertencia, o logicismo. O outro foi Marshall, cujas reticências em relação à matematização da economia já vimos.

No entanto o destino do *Treatise on Probability* não correspondeu às esperanças alimentadas por seu autor. Ele será o objeto de numerosos ataques. Sobretudo por dois dos maiores gênios do século XX em matemática e filosofia, que se inclinam sobre o trabalho de Keynes e o destroem ou o rejeitam. Primeiro Frank Ramsey, que afirma que Keynes confunde a existência de relações de probabilidade com a percepção delas. Ramsey critica assim uma concepção subjetiva e pragmática das probabilidades. A seguir Ludwig Wittgenstein, que Keynes admira, protege e teme ao mesmo tempo. Ele terminou em 1918 seu *Tractatus logico-philosophicus*, que será publicado em 1921, e escreveu a Keynes em 1919 (de Monte Cassino, na Itália, onde era mantido prisioneiro), dizendo que pensava "ter resolvido o problema". Uma série de proposições do

Tractatus são devastadoras em relação à filosofia comum a Russell e Keynes que, segundo Wittgenstein, postulam erradamente um reino de relações e de entidades lógicas que fazem pensar no idealismo platônico. Ele também diz ser absurda a esperança segundo a qual a lógica seria análoga em sua objetividade às ciências naturais. Para Wittgenstein, as proposições lógicas são tautologias que não têm conteúdo empírico, mas manifestam as propriedades formais da linguagem. O mesmo ocorre com as probabilidades, que dependem na verdade do cálculo das proposições e portanto podem ser numéricas. Quanto à indução, ela não pertence à lógica mas à psicologia, é um hábito mental útil baseado em considerações de economia de esforço e de simplicidade.

Sem dúvida decepcionado por essas dificuldades, mas também solicitado por outros desafios, Keynes deixa de lado essas questões. Como um curso d'água que passa debaixo da terra e depois reaparece ao ar livre, a incerteza fará um ressurgimento espetacular no núcleo da *Teoria geral*.

2. **O fracasso criador de *Treatise on Money* (1930)**
– Nesse volumoso livro preparado durante os anos 1920, as ambições de Keynes em economia são simples e extremas: fornecer o tratado de referência em análise da moeda, do crédito e dos ciclos, e também fundar em bases sólidas as políticas de intervenção pública na sua diversidade. Havia nessa época uma superabundância de estudos que procuravam explicar as alternâncias de expansão e de recessão, nos quais Keynes se inspira com frequência, embora nem sempre lhes faça justiça. Ele reconhece explicitamente, porém, sua dívida para com um economista sueco bem anterior, Knut Wicksell. Seu livro de 1898 redigido em alemão, *Geldzins und Güterpreise* [Juros e preços], será

traduzido e publicado em inglês por R. Kahn, mas apenas em 1936. O termo-chave do pensamento de Wicksell é "processo cumulativo". Para ele, o ciclo econômico é primeiramente um fenômeno "real", isto é, concebido sem interferências resultantes da moeda, ele depende de ondas de inovações. Estas desencadeiam ondas de investimento que afetam os preços, em alta quando o ritmo se acelera, em baixa quando se reduz. A moeda e o sistema bancário podem reforçar essas variações. Num sistema de padrão-ouro e de desenvolvimento dos bancos, um mecanismo é acionado. Há, de um lado, o que Wicksell chama a "taxa de juro natural", a que resulta do funcionamento da economia fora da moeda; de outro lado, há a "taxa de juro de mercado" (ou monetária), aquela com a qual os bancos consentem em fazer empréstimos aos empresários. Por causa da autonomia relativa dos bancos, essas duas taxas podem divergir. Quando a segunda é inferior à primeira, os empresários são incitados a tomar empréstimos, o que encarece os preços dos fatores de produção e, por fim, a produção. Disso resulta a inflação e uma alta da taxa de juros monetária, pois os agentes não bancários vão aumentar sua demanda de ouro e fazer diminuir as reservas de ouro dos bancos. É, portanto, um processo de reequilíbrio, mas com atraso e efeitos cumulativos.

A posteridade de Wicksell é pelo menos dupla, e contraditória. De um lado, há a escola austríaca de Ludwig von Mises e Hayek, este último tendo entrado em longa polêmica com Keynes a propósito do *Treatise on Money* e da *Teoria geral*. Essa corrente se caracteriza pela ideia da poupança forçada. Como os bancos confiam aos investidores recursos monetários que não têm uma contrapartida "real", a expansão dos negócios acabaria acontecendo, em última instância, em detrimento dos consumidores, obrigados a limitar seu consumo. Esse mecanismo permaneceu controvertido. De todo modo, a orientação dessa escola é claramente hostil a qualquer intervenção pública. Em oposição a essa atitude "niilista", resultou de Wicksell a "escola sueca", que reúne quatro economistas da maior importância: Lindhal, Lundberg, Myrdal e Ohlin, vistos hoje como precursores desconhecidos da análise macroeconômica dos ciclos, antecipando Keynes em alguns pontos importantes, mas também às vezes inspirados por ele. Colocando no centro a ideia de antecipação, eles desenvolveram, no final dos anos 1920 e início dos anos 1930, um estudo dos processos dinâmicos de expansão e de contração da economia, e chegaram a conclusões muito favoráveis à intervenção pública.

Um último autor deve ser citado entre as fontes de inspiração de Keynes e que igualmente tem ideias próximas das de Wicksell. Trata-se do inglês Hawtrey, também "apóstolo" e amigo de Keynes, cujo livro *Currency and Credit* data de 1919. Para Hawtrey, o ciclo econômico resulta da demora da taxa de juro de mercado em encontrar sua taxa de equilíbrio, por causa do funcionamento do sistema monetário. Sendo assim, este vai se adaptar com excesso, o que provoca uma reação excessiva retardada.

O objetivo de Keynes é substituir a teoria quantitativa da moeda tradicional, inclusive sua versão marshalliana, que, uma vez admitida, impede qualquer esforço de retomada pública. É o famoso *Treasure view*: todo investimento financiado por uma criação monetária líquida que não se apoie numa poupança voluntária, mas que a exceda, seria automaticamente inflacionário. O ângulo de ataque de Keynes é reformular uma equação que explica os preços, levando em conta essas interferências cumulativas, e passar de uma perspectiva centrada nas reservas a uma perspectiva centrada nos rendimentos.

Ele começa por observar que, de todo modo, as grandezas econômicas são grandezas monetárias. A moeda é um elemento de patrimônio, um ativo, e importa no mais alto grau estudar a maneira como seus detentores escolhem conservá-la e utilizá-la. Ele distingue dois tipos de depósitos: de um lado, os "depósitos líquidos", que correspondem às clássicas necessidades de fundo de maneio e aos fundos disponíveis para efetuar os investimentos decididos; de outro lado, os "depósitos de poupança", cuja destinação não é dada desde o início e que não representam uma despesa necessária. Assim, há uma "circulação industrial" e uma "circulação financeira". Esta última manifesta a autonomização do setor financeiro, que é o fator determinante da instabilidade das economias modernas.

Keynes formula então duas equações que supostamente explicam a formação dos preços e que não fazem intervir a massa monetária, ao menos diretamente. Uma tem a ver com a economia inteira e a outra com o setor dos bens de consumo. Basta aqui representar a que diz respeito à economia inteira. Ela se escreve com as seguintes notações: P = nível dos preços, Q = produção total, R = soma dos rendimentos dos fatores, I = investimento, S = poupança:

$$P = \frac{R}{Q} + \frac{I-S}{Q}$$

Em suma, o nível dos preços depende de duas coisas: de um lado, dos rendimentos, aqui o custo dos fatores (portanto, principalmente os salários) por unidade de produção; de outro lado, de um segundo termo dinâmico que mostra os efeitos das diferenças entre investimento e poupança. Eis aí a inovação, e é onde reencontramos Wicksell. Enquanto na concepção tradicional da economia a igualdade da poupança e do investimento é ou pressuposta diretamente ou o resultado de um equilíbrio de mercado facilmente obtido, Keynes observa que investimento e poupança são duas grandezas diferentes, resultantes de decisões e de atividades realizadas por indivíduos diferentes que não se coordenam. Segundo ele, a diferença entre I e S gera, para os empresários, "lucros inesperados" quando o investimento é superior à poupança, e "perdas inesperadas" no caso contrário: uma diferença em favor do investimento tende a aumentar (processo cumulativo), e as variações em alta do investimento conduzem a uma alta dos preços; quando é a poupança que domina, o quadro é simetricamente oposto. A massa monetária só aparece aqui indiretamente, atrás dos bancos e da poupança, como eventual condição permissiva da inflação.

O traço distintivo dessa análise, portanto, é fazer aparecer em plena luz a instabilidade congênita das economias monetárias, tão logo os bancos têm o poder de desenvolver a "circulação financeira". Uma de suas principais consequências é o diagnóstico da deflação. Para a maior parte dos contraditores de Keynes, esta resulta de uma falta de poupança que vem limitar as perspectivas de investimento, não havendo então dinheiro para financiar grandes obras. Para Keynes, ao contrário, a deflação resulta de um excesso de poupança que degenera em círculo vicioso restritivo.

Embora sugestiva e amplamente desenvolvida, a argumentação de Keynes esbarra, contudo, nas limitações do quadro no qual ele próprio se colocou. De fato, nada em sua equação permite levar em conta as eventuais variações da produção e do emprego. Se estes variam, e é muito natural que isso ocorra, é preciso refazer toda a argumentação. Os adversários de Keynes, especialmente Hayek, acham que ela teria então que incluir uma série de mecanismos de reequilíbrio. O esforço frontal de Keynes, buscando integrar Wicksell numa equação dos preços que privilegiasse o ponto de vista do rendimento, está repleto de ideias novas, mas se revela um fracasso.

3. **Rumo à *Teoria geral*** – Consciente dessa situação desde 1930, Keynes se lança imediatamente ao trabalho. Enquanto a seu redor vários grupos de economistas discutem as objeções feitas ao *Treatise on Money*, ele prossegue a exploração de sua intuição central: a economia capitalista obedece a "leis de gravitação", mas estas não a conduzem a um equilíbrio estável e satisfatório. Seu interesse se concentra então no emprego e no rendimento, deixando de lado as variações de preços. Ele procura quantificar os processos cumulativos, que evidentemente não são explosivos, mas sim amortecidos à medida que o tempo passa. Essa quantificação é a chave de toda proposição confiável de estímulo público pelo investimento.

Seu primeiro esforço, porém, é aprofundar da maneira mais geral possível as consequências de um raciocínio de início monetário. Em seus cursos, a partir de 1930, encontramos o título "A teoria pura da moeda"; depois, em 1932, "Economia monetária da produção", no qual resume a ambição de tirar todas as consequências da não neutralidade da moeda. Ele concorda assim com uma intuição central de Marx, que opunha a circulação de mercadorias e a circulação do capital. Uma das consequências é um questionamento radical da compreensão tradicional das negociações salariais, que as vê organizadas em torno de um "cesto de mercadorias", os empregadores e os assalariados supostamente conhecendo sem dificuldade a contrapartida em mercadorias do salário. Keynes insiste no fato de que as negociações têm por objeto uma soma de dinheiro cujo poder de compra não é plenamente conhecido e dependerá do funcionamento de conjunto da economia.

Essa pista geral, sem desaparecer, passa rapidamente ao segundo plano, suplantada por uma focalização sobre as ligações entre emprego e rendimento. Centrado nos ciclos e nos preços, o *Treatise on Money* tratava pouco do emprego, que permanecia, de certo modo, no plano de fundo. Uma contribuição essencial, devida a Richard Kahn, aborda precisamente a relação entre o investimento doméstico e o emprego. O artigo de Kahn, publicado em 1931 na *Economic Journal*, mostra que um impulso de investimento inicial tende a aumentar o emprego por ondas sucessivas de importância decrescente: é o princípio do multiplicador.

Com essa contribuição favorável, a visão de Keynes se aguça e se cristaliza na ideia de que o equilíbrio econômico se realiza principalmente não por variações de preço, mas por variações do rendimento. Na origem destas últimas estão as antecipações, pelos empresários, da demanda global, o que ele vai chamar a demanda efetiva. A maioria dos comentadores data de 1932 o ponto de articulação a partir do qual se criam os instrumentos e as rupturas da *Teoria geral*. Mas ainda serão necessários três anos completos para que possam ser precisadas as bases da nova teoria.

Duas outras contribuições favoráveis marcam etapas importantes em 1933: trata-se de publicações de Joan Robinson e de James Meade. Uma tem por título "A teoria da moeda e a análise da produção", e a outra, "As obras públicas em seus aspectos internacionais". Nesse mesmo ano, Keynes encontra um adversário, um *sparring* de primeiro plano na pessoa de Pigou, que acaba de publicar *The Theory of Unemployment*. Este, que como vimos foi o sucessor de Alfred Marshall, é, no entanto, amigo de Keynes. Pigou já havia publicado um estudo sobre o desemprego em 1913, e seu livro de 1933 retoma, de maneira mais sofisticada, a mesma questão. Eis aí o adversário tão esperado. Só se pensa bem quando há um oponente: essa máxima vale para Keynes mais que para qualquer outro. Negligenciando deliberadamente a história complexa do pensamento econômico e sobretudo o corte entre a velha escola dos fundadores e a economia originada da tradição marginalista, ele provoca uma condensação ao chamar de "clássicos" ou "ortodoxos" uma série de autores que vão de Ricardo e Say a Pigou, passando, é claro, por Marshall, tradição à qual ele agora se opõe frontalmente.

Mas o caminho ainda é longo. No outono de 1934, alguns capítulos do livro em gestação existem na forma de provas, e Keynes as utiliza em seus cursos. Em junho de 1935 ele faz chegar a quatro de seus colegas mais próximos um conjunto de provas para recolher seus comentários: trata-se de Harrod, Hawtrey, Kahn e Joan Robinson. A *Teoria geral* é publicada no começo de 1936.

Capítulo 3

Os conceitos e os encadeamentos centrais da *Teoria geral*

Percorrida por um sopro visionário, a *Teoria geral* (*TG*) alterna passagens difíceis e técnicas com passagens para o grande público. O projeto de Keynes se organiza em torno de dois objetivos parcialmente compatíveis, mas às vezes contraditórios. Por um lado, trata-se de fazer os economistas mudarem radicalmente de ponto de vista. Disso resulta um combate virulento contra a teoria dominante, chamada a "teoria clássica", que não permite explicar e muito menos combater o desemprego persistente. Essa ambição leva também a forjar uma linguagem nova, a criar novos objetos. Por outro lado, talvez para persuadir melhor, o livro procura minimizar a perturbação causada por sua intervenção, mantendo-se o mais perto possível da teoria tradicional que ele ataca. Keynes afirma, por exemplo, que esta continua válida quando seu domínio se circunscreve ao detalhe das decisões microeconômicas. Duas citações, uma no início da *Teoria geral* e outra no fim, ilustram essa tensão. Eis aqui, primeiro, o Keynes irônico e radical: "Os teóricos da escola clássica assemelham-se a geômetras euclidianos que, se encontrando num mundo não euclidiano e constatando que as linhas retas, aparentemente paralelas, se cortam com frequência, censurariam as linhas por sua falta de retidão, sem buscar remediar as desastradas interseções que se produzem. Na verdade, não há outro remédio senão abandonar o postulado de Euclides e construir uma geometria não euclidiana. Uma operação desse tipo é hoje necessária no domínio da ciência econômica" (*TG*, p. 42). E aqui está o Keynes conciliador, em seu último capítulo: "Nossa crítica à teoria clássica aceita pela economia política consistiu menos em apontar erros lógicos em sua análise do que em evidenciar o fato de que suas hipóteses implícitas nunca ou quase nunca se verificam, de modo que ela é incapaz de resolver os problemas econômicos do mundo concreto. Mas tão logo os controles centrais tiverem conseguido estabelecer um volume global de produção o mais próximo possível do pleno emprego, a teoria clássica retomará todos os seus direitos" (*TG*, p. 371-372). O próprio título escolhido por Keynes, "Teoria *geral* do emprego, do juro e da moeda", mostra um propósito englobante, a teoria clássica sendo vista como um caso particular.

A obra, com cerca de quatrocentas páginas, se organiza em 24 capítulos agrupados em seis livros, tomando por modelo a estrutura dos *Principles of Economics* de Marshall (1ª edição, 1890). Sua progressão não é linear. O livro 1 já apresenta o conjunto das teses centrais, enquanto o 2, mais árido, se inclina sobre as definições e as unidades de medida. Os livros 3 e 4 exploram os determinantes dos dois grandes modos de utilização do rendimento que são o consumo e o investimento, sendo que o 4 recapitula a teoria do emprego decorrente da interação do consumo e do investimento. O livro 5 levanta algumas restrições anteriores e apresenta a teoria dos preços que decorre da nova concepção. Por fim, o livro 6 amplia brevemente a perspectiva, de três maneiras. Primeiro, Keynes aplica as explanações precedentes à explicação dos ciclos econômicos; a seguir, situa suas teses em relação à história do pensamento econômico; por último, extrai delas algumas consequências práticas e políticas.

Poucas obras em economia suscitaram tantos comentários e controvérsias quanto a *Teoria geral*. O nosso objetivo, neste capítulo, não é examiná-los, muito menos confrontar admiradores e adversários. É apresentar a lógica da argumentação e os enunciados principais do livro, reconhecendo ao mesmo tempo a pluralidade de leituras que eles ensejaram. Quatro etapas foram retidas. Convém primeiro identificar os traços principais da "teoria clássica" à qual Keynes se opõe, e os princípios de método que ele segue. Pode-se então, num segundo momento, examinar as "três funções psicológicas" que ele põe no núcleo do funcionamento da economia. Este será mostrado num terceiro momento, focalizando-se o mecanismo do "multiplicador", o que permite chegar às principais consequências teóricas e práticas dessa argumentação. Mas um quarto momento é necessário. A nosso ver, é preciso completar o estudo do livro pelo de um artigo célebre e controvertido... que não é de Keynes. Já vimos que ele não trabalhava sozinho, mas com vários grupos de colegas, amigos, discípulos e contraditores. Sua preocupação era chegar o mais rápido possível a prolongamentos operacionais que não aparecem em suas explanações. Disso resultou, a seu redor, um intenso trabalho de apropriação ou mesmo de reformulação da *Teoria geral* a partir de 1936. O próprio Keynes aprovou ou, ao contrário, rejeitou algumas reformulações. Uma delas, por ele aprovada, mas que muitos de seus discípulos rejeitarão, terá um destino excepcional. Buscando condensar a contribuição do livro em algumas equações, ela será a base de inúmeros estudos macroeconômicos posteriores. Trata-se do chamado "modelo IS/LM", cuja primeira versão foi apresentada por John Hicks em seu artigo "Mr. Keynes and the Classics", publicado na *Econometrica*, em 1937. Com o recuo da História, essa interpretação, seja ela aceita ou recusada, é vista agora como um complemento necessário à apresentação da *Teoria geral*.

I. Da "economia clássica" à "demanda efetiva"

Após um primeiro capítulo extremamente breve (apenas uma página), Keynes entra diretamente no assunto e começa por um ataque aos "postulados da economia clássica". Esse adversário apresentado logo de início é, na verdade, uma versão simplificada de uma teoria do equilíbrio dos mercados desenvolvida por Marshall e retomada pelo "professor Pigou"... Resumiremos o procedimento e as consequências dessa análise, para depois evidenciar a maneira como Keynes a critica ao longo da *Teoria geral* e chega aos princípios alternativos que reivindica.

Segundo a "lógica clássica", no sentido usado por Keynes, a economia pode ser resumida pelo jogo simultâneo de três grandes mercados principais, cada um descrito por funções de oferta e demanda: mercados do trabalho, do capital e dos bens, a moeda constituindo um quarto mercado de funcionamento à parte. Todos esses mercados se submetem a um processo de encontro da oferta e da demanda que resulta num equilíbrio de mercado, e são interdependentes. As empresas, em particular, que são ofertadoras no mercado de bens (de consumo e de investimento), são compradoras no de fatores (do capital e do trabalho). E os trabalhadores, ofertadores no mercado de trabalho, são compradores no mercado de bens. Comecemos, como o faz Keynes, pelo mercado do trabalho. Ele identifica dois postulados na base da demanda e da oferta de trabalho. O primeiro, que resume o comportamento de demanda das empresas, estabelece a igualdade entre o salário "real" (neutralizados os efeitos da inflação) e a produtividade marginal do trabalho. Aqui, é o raciocínio "à margem" tradicional que se aplica. A produtividade marginal do trabalho é simplesmente a produção suplementar que decorrerá, aos olhos de uma empresa, da contratação de uma unidade suplementar de trabalho. Ela é supostamente decrescente (é a "lei dos rendimentos decrescentes", que Keynes aceita plenamente) à medida que se consideram quantidades crescentes de trabalho utilizado. Enquanto essa produtividade for superior ao salário real, a empresa é incitada a contratar, já que pode realizar um lucro. Tão logo há igualdade entre as duas grandezas, as contratações se estabilizam. Esse primeiro postulado permite assim traçar a curva da demanda de trabalho que emana das empresas, indicando para cada nível de salário real a quantidade de trabalho que elas desejam recrutar.

O segundo postulado é simétrico ao primeiro e especifica o comportamento dos ofertadores de trabalho. Estes vão igualar o "decréscimo da utilidade marginal do trabalho" à utilidade do salário real. A teoria afirma que as pessoas não trabalham por prazer, mas porque valorizam os bens que o salário permite obter. O trabalhador renuncia ao tempo livre, e o decréscimo da utilidade marginal do trabalho corresponde à perda psicológica decorrente da renúncia a uma unidade suplementar de tempo livre (que o trabalho em si mesmo seja desagradável, penoso ou, ao contrário, gratificante, é somente uma complicação suplementar nessa concepção, não chegando a colocá-la em causa). É preciso, pois, que as satisfações oriundas dos produtos que o salário permite obter compensem pelo menos essa perda. Se ele aumentar, alguns trabalhadores poderão desejar trabalhar mais, até o ponto em que a compensação é restabelecida; o oposto acontece se o salário baixa. Esse segundo postulado permite assim traçar a curva da oferta de trabalho a partir dos cálculos dos candidatos trabalhadores.

Do confronto dessas duas curvas resulta o estabelecimento simultâneo de um preço de equilíbrio, o salário real, e de uma quantidade de equilíbrio, a quantidade de trabalho utilizada pelas empresas, ou seja, o emprego (que se pode calcular ou em horas ou em número de pessoas contratadas em tempo integral). Portanto, descontados atritos e distorções de concorrência, aqui não há lugar para o desemprego. A única forma de desemprego que se pode considerar nesse esquema é, em última instância, um desemprego dito "voluntário", que resultaria de práticas interessadas em manter um nível de salário superior ao nível de equilíbrio. Então as empresas demandam menos trabalho e os trabalhadores oferecem mais, em relação à situação que compatibiliza seus planos. Mas isso resulta de uma "rigidez" que vem bloquear o livre jogo do mercado.

Essa lógica é reforçada quando se passa ao exame do mercado dos produtos. De fato, poder-se-ia perguntar se os eventuais ajustes que se produzem no mercado de trabalho, por variações do salário e do emprego, permitem às empresas escoar toda a produção que realizam, considerando o nível de emprego que praticam. A "lei de Say" (1803) garante que sim. Ela afirma que "toda oferta cria sua própria demanda", outra maneira de dizer que as somas gastas pelas empresas nos seus fatores de produção (trabalho e capital) se recuperam, direta ou indiretamente, sob a forma de receitas resultantes de suas vendas. Com isso, um excesso geral de produtos torna-se inconcebível para além da venda com prejuízo de um bem particular, que tenderá a se desvalorizar pela queda de seu preço.

O mercado de capitais e de investimento obedece à mesma lógica de cálculo marginal. A poupança (a oferta de capitais) é uma renúncia a um consumo presente e será tanto maior quanto mais elevada for a remuneração proposta pelo mercado (a taxa de juros). Do lado das empresas, a produtividade marginal do capital corresponde ao ganho que se pode esperar do emprego de uma unidade suplementar de capital. A igualização dessa produtividade marginal do capital com a taxa de juros descreve o comportamento de demanda delas. Se a taxa de juros é baixa, as empresas são incitadas a investir mais e a tomar empréstimos. Assim que a igualização é atingida, elas escolhem ficar como estão. Através da taxa de juros, portanto, o mercado de capital torna compatíveis a propensão a poupar dos detentores de capitais e a propensão a investir das empresas; daí uma igualização necessária do investimento e da poupança, obtida pelas variações da taxa de juros.

Enfim, a moeda é aqui considerada como auxiliar das transações; um lubrificante, de certo modo. Existe uma demanda de reservas que emana dos particulares e das empresas. Ela decorre das necessidades e hábitos das transações. A oferta de moeda é fornecida, enquanto necessidade, pelo sistema bancário. Não há, propriamente falando, equilíbrio de mercado para a moeda.

Os três grandes mercados do trabalho, do capital e dos bens supostamente se reequilibram graças a mecanismos internos. Mas eles também interagem através do jogo das receitas e das despesas, e também pelo canal da moeda e do nível dos preços. Um autor como Pigou julga que essas transmissões são complexas e dependem, por exemplo, da maneira como o país em questão está inserido nas trocas internacionais.

Esse breve resumo simplifica uma teoria que é mais sofisticada e que leva em conta múltiplos aspectos mais "realistas" a partir da observação empírica. Em particular, a tarefa cotidiana dos economistas que aderem a essa visão consiste em explorar a possibilidade e as consequências de desregramentos temporários ou de imperfeições da concorrência. Contudo, a conclusão principal, no que se refere à persistência do desemprego, é que ela se deve a um nível muito elevado do salário real, e aqui reencontramos as prescrições deflacionistas que Keynes quer combater.

A estratégia crítica de Keynes é questionar o ajuste interno a cada mercado, conservando uma de suas duas relações constitutivas, ao mesmo tempo em que rejeita e depois reformula a outra. Quanto ao mercado do trabalho, ele admite o primeiro postulado, a conexão entre demanda de trabalho oriunda das empresas e salário real, mas rejeita o segundo, o comportamento dos trabalhadores. Assinalando que o salário negociado pelos trabalhadores é um salário *nominal* e não *real*, ele observa: "Enquanto a mão de obra resiste geralmente à baixa dos salários nominais, não está em seus hábitos reduzir seu trabalho a cada elevação dos preços dos bens de consumo" (*TG*, p. 34). Keynes lança-se então a uma análise complexa que ainda hoje é controvertida. Ele postula a inércia do salário nominal, remetendo para mais tarde o estudo de sua variação. O leitor tem então a impressão de que ele se limita a reconhecer o desemprego "voluntário", supondo por exemplo que, se os preços se mantêm, essa inércia nominal conduz a uma rigidez "real", criando um desemprego que seria "voluntário". Mas o seu raciocínio central enfatiza este ponto: ele admite plenamente (é o primeiro postulado) que para contratar trabalhadores suplementares é necessário chegar-se a uma baixa dos salários reais, mas contesta que essa baixa seja o mecanismo pelo qual se chega a essas contratações suplementares. Explica que o jogo das interações da economia inteira, sem resultar de entraves à concorrência, pode conduzir a processos de crescimento ou de redução do desemprego, interferindo com o funcionamento usualmente postulado do mercado de trabalho. Assim pode haver situações de desemprego involuntário.

Quanto ao mercado dos bens, ele rejeita a "lei de Say" ao observar que, numa economia monetária, é sempre possível o entesouramento. Abordando o mercado de capitais, o comportamento dos poupadores é focalizado. Segundo ele, a renúncia destes ao consumo corrente não depende da taxa de juros, mas simplesmente do rendimento que recebem. Quanto mais ricos, menos serão incitados a consumir e mais incitados a poupar. Por fim, o mercado da moeda, em Keynes, torna-se um verdadeiro mercado no sentido de que aparece um motivo suplementar de posse da moeda, a busca de liquidez. Com isso, é a posse da moeda, e não a poupança, que deve ser ligada à taxa de juros, esta podendo, em certa medida, incentivá-la ou não.

A focalização da análise, portanto, desloca-se do processo interno de equilíbrio próprio a cada mercado para as interdependências mais globais, que têm a ver primeiramente com o rendimento. Os mercados não são suprimidos, mas dominados, de certo modo, pelo jogo de suas interações, sob a influência de importantes funções macroeconômicas. Keynes substitui a análise tradicional, em termos de preços, por uma análise em termos de variações globais do rendimento e do nível de atividade. Não se trata, porém, de uma análise em termos de equilíbrio geral no sentido walrasiano. Segundo Walras, a afirmação de uma causalidade é vazia de sentido, e as determinações de preços, quantidades e decisões são simultâneas. A *Teoria geral*, ao contrário, se caracteriza pela busca de uma causalidade sequencial, estabelecida desde o início para a economia em seu conjunto.

Mas qual ponto de partida e quais sequências? A intuição de Keynes é que se deve partir das previsões de venda dos empresários, que vão formar a "demanda efetiva". De fato, a posição deles no nó das interdependências da economia faz com que tenham sempre razão, de certo modo. Se forem otimistas e puderem prever receitas crescentes, desenvolverão seus negócios e investirão. Segue-se um processo de variação em alta da atividade, que distribuirá rendimentos crescentes a partir dos quais os consumidores poderão consumir e também, cada vez mais, poupar, financiando assim os investimentos. Se forem pessimistas, o processo de contração acabará deparando com um investimento e uma poupança baixos. O desemprego durável resulta desse processo de contração. Para Keynes, o emprego é a última variável que determina seu sistema, a que resulta do seu funcionamento como um todo – donde a possibilidade de desemprego involuntário e durável.

II. As "três funções psicológicas"

Consumo, poupança, investimento: a atividade da economia se organiza em torno dessas decisões que há muito são o objeto de múltiplas análises teóricas e empíricas. Keynes vai considerá-las como agregados, isto é, negligenciará deliberadamente o detalhe das decisões individuais para se interessar por suas variações globais ao longo do tempo e por sua maior ou menor estabilidade. Assim, na origem dessas variações, ele reconhece o que chama as três grandes "funções psicológicas", que são a função de consumo, a preferência pela liquidez e a eficácia marginal do capital. O leitor talvez se surpreenda com o aparecimento aqui do termo "psicologia", já que este evoca antes o exame das motivações individuais em sua complexidade. Convém entendê-lo num sentido bem mais sumário e coletivo: Keynes busca isolar o estado de espírito de um país inteiro, no qual as antecipações de uns influem sobre as dos outros e são influenciadas por elas.

A curto prazo, do ponto de vista da economia no seu conjunto, tudo opõe, de fato, o tipo de comportamento que caracteriza o consumo e o que caracteriza o investimento. De um lado, uma grande estabilidade e previsibilidade; de outro, uma grande volatilidade. A compreensão e o exame dessa oposição fornece a chave da *Teoria geral*. Mas ela não é intuitiva no que se refere ao consumo que, à primeira vista, depende da liberdade do consumidor, este devendo, por exemplo, ser persuadido por campanhas publicitárias a comprar determinado produto e não outro. Keynes neutraliza a questão do tipo de produto comprado para se interessar pela diferença entre consumo e poupança, recapitulando, não sem humor, os motivos que governam as escolhas dos consumidores/poupadores: preferência pelo prazer imediato, imprevidência, generosidade, irreflexão, ostentação e prodigalidade levarão a consumir, enquanto precaução, previdência, cálculo, ambição, independência, iniciativa, orgulho e avareza levarão a poupar! Estamos longe da racionalidade calculista e das sutilezas usuais da teoria do consumo, que ele conhecia muito bem. O importante aqui é a afirmação e a exploração do ponto de vista global. Apresentados ironicamente como um catálogo quase bíblico, esses vícios e essas virtudes se compensam a curto prazo.

Sendo assim, o único determinante que importa no consumo é o rendimento, e Keynes enuncia o que ele chama sua "lei psicológica fundamental", segundo a qual todo aumento de rendimento gera um aumento de consumo, mas numa proporção decrescente à medida que o rendimento aumenta. Ele isola, portanto, a "propensão marginal a consumir". Pode-se escrever $C = f(Y)$, C designando o consumo e Y o rendimento. A propensão marginal a consumir é a derivada dessa função, ou seja, dc/dy, que é positiva, inferior a 1, e decresce à medida que o rendimento aumenta.

Keynes considera também duas outras fontes de variações globais: de um lado, a "taxa de desconto do tempo", que equivale à determinação clássica da poupança, e cuja influência ele julga indecisa e indireta; de outro lado, as variações imprevistas do valor dos bens de capital que funcionam, a seu ver, para os consumidores mais ricos. Ele menciona assim o que, depois de sua morte, terá uma grande importância, o "efeito de reservas reais" – isto é, a repercussão, sobre o consumo, das mudanças no valor dos ativos em posse do consumidor (imóveis, bens financeiros...), mas limitando-o a variações imprevistas. Pode-se achar um tanto sumária essa análise do consumo, mas ela será enriquecida a seguir, adquirindo sentido, aqui, apenas em comparação com as duas outras funções.

Ao determinar o consumo, isolamos o determinante a curto prazo da poupança (designado agora por S), por ser o complemento na utilização do rendimento. Resta saber de que forma essa utilização será conservada. Chegamos então à segunda função, a "função de liquidez". Keynes vai reformular a demanda de moeda, colocando no núcleo desta a "preferência pela liquidez". Ele considera três motivos para a posse da moeda, os dois primeiros tradicionais e o terceiro sendo sua inovação. Duas funções de liquidez são distinguidas, L_1 e L_2. M_1 é a massa monetária tal como resulta da teoria quantitativa da moeda, cuja posse obedece a dois motivos: o motivo de *transação* e o motivo de *precaução*. Reaparece aqui uma ligação direta com o rendimento, e Keynes considera que a função L_1 pode ser escrita $M_1 = L_1(Y)$. A função L_2 depende de um terceiro motivo, que Keynes faz passar ao primeiro plano: o motivo de *especulação*. Trata-se, para ele, do "desejo de aproveitar um conhecimento melhor do que reserva o mercado no futuro", simplificando radicalmente a escolha dos especuladores: eles devem escolher entre aquisição de créditos a longo prazo e a posse de reservas líquidas. Os que antecipam uma alta por vir das taxas de juros conservarão a liquidez, os outros se farão compradores de títulos. A tendência ao entesouramento, portanto, está ligada à taxa de juros: quanto mais elevada, mais ela o desestimula. Assim a taxa de juros muda de papel em relação à teoria clássica. Ela não é mais a recompensa do não consumo, mas a recompensa do não entesouramento, da renúncia à liquidez. Existe, pois, uma segunda função de liquidez, que Keynes escreve (anotando *i* para a taxa de juros): $M_2 = L_2 \, (i)$.

Disso resulta no público uma propensão a deter mais moeda do que implicam os motivos de transação e de precaução, e essa propensão depende de um motivo cujas manifestações são pouco estáveis, e os especuladores podem instantaneamente escolher deter moeda ou livrar-se dela. Tomemos um caso extremo, mencionado por Keynes: é possível que, tendo caído muito a taxa de juros, em consequência, por exemplo, de uma redução excessiva pelo sistema bancário, "a preferência pela liquidez se torne virtualmente absoluta, no sentido de que quase todo mundo prefere o dinheiro líquido à detenção de um crédito que rende uma taxa de juros muito baixa" (*TG*, p. 215). É o que seu colega Dennis Robertson chamará a "armadilha de liquidez", uma situação em que o investimento é radicalmente desestimulado.

A terceira função é a eficácia marginal do capital. À primeira vista, trata-se apenas de uma expressão simétrica da "produtividade marginal do trabalho". De um lado estaria o que rende o emprego de uma unidade suplementar de trabalho; de outro, o que rende o emprego de uma unidade suplementar de capital. No entanto o tratamento que Keynes propõe é duplamente original: primeiro, ele se interessa apenas pela decisão de proceder a um investimento suplementar (contornando assim uma dificuldade célebre, a da medida do capital); segundo, evidencia que é necessário levar em conta antecipações na decisão. Em concordância com muitos economistas de sua época, ele se concentra no processo de *atualização* das receitas e dos gastos futuros. Investir é esperar uma série de ganhos líquidos nos anos vindouros. Mas esses ganhos não têm o mesmo valor se são esperados para o próximo ano ou para daqui a vinte anos. Portanto, é preciso aplicar-lhes um coeficiente de depreciação, tanto maior quanto mais afastados no tempo. Pode-se então calcular o que o projeto de investimento rende, resumido na forma de uma taxa de rentabilidade interna.

Trata-se da clássica "taxa de desconto que, aplicada à série de anuidades constituída pelos rendimentos descontados do investimento, torna o valor atual dessas anuidades igual ao preço de oferta desse capital" (*TG*, p. 149). O empresário vai comparar essa taxa de rentabilidade à taxa do mercado, isto é, a que resulta da preferência pela liquidez e da oferta de moeda decorrente da política dos bancos e dos poderes públicos. Se ela for superior, há estímulo em investir. Este desaparece no caso de projetos que apenas rendem a taxa de mercado, pois as eventuais somas disponíveis serão mais bem empregadas (sem os esforços e os riscos ligados à implantação desse investimento na empresa) em empréstimos diretos a essa taxa.

A argumentação passa então a sublinhar a instabilidade da apreciação, pelos empresários, da eficácia marginal do capital, que depende de suas antecipações no que se refere a seus mercados futuros, e estas não podem se basear em elementos sólidos, sobretudo não podem ser deduzidas do presente. Elas dependem de um estado subjetivo da opinião, a confiança. Keynes retoma aqui as teses centrais de seus trabalhos sobre as probabilidades: não é possível recorrer a um cálculo, somos obrigados a nos apoiar em convenções.

Uma análise célebre do "estado da previsão a longo prazo" aparece no capítulo 12 da *Teoria geral*. Através de explanações baseadas em sua experiência pessoal e mais concretas que o resto do livro, Keynes opõe duas situações. De um lado temos os empresários, proprietários de suas empresas, que aplicam seus próprios fundos em projetos de investimento. Para ser empresário é preciso possuir um otimismo espontâneo e um gosto pelo risco, o que Keynes chama os "espíritos animais". Mas isso não basta para desenvolver as vocações e, afinal de contas, os investimentos, e as Bolsas de capitais foram criadas precisamente para permitir encontrar facilmente fundos. Só que os detentores de ações e de títulos não se comportam da mesma forma que os empresários-proprietários. Eles buscam investir, mas podem instantaneamente vender ou comprar esse ou aquele título. A Bolsa concilia, portanto, pelo menos aparentemente, preferência por liquidez e financiamento do investimento. Essa instituição multiplica as possibilidades de investir e redistribui os riscos. Mas há uma contrapartida, o sistema é instável: "É como se um agricultor, após ter consultado seu barômetro no café da manhã, pudesse decidir entre dez e onze horas da manhã retirar seu capital do empreendimento agrícola e alguns dias depois resolvesse investir de novo" (*TG*, p. 163). Os investimentos vão depender da psicologia gregária dos operadores da Bolsa, que não se organiza em torno de uma série de previsões e da rentabilidade a longo prazo do capital, mas das oportunidades a curto prazo do mercado. Os operadores perdem de vista os resultados da economia real. Keynes propõe uma comparação com os "concursos de beleza" promovidos por certos jornais. O jogo consiste em selecionar, diante de uma centena de fotos de rostos, os mais bonitos. Mas o vencedor é aquele cuja seleção mais se aproxima da do público em seu conjunto: trata-se assim de prever... o que vão prever os outros. O diagnóstico é severo: "Quando num país o desenvolvimento do capital torna-se o subproduto da atividade de um cassino, ele se arrisca a se realizar em condições defeituosas" (*TG*, p. 171).

Resulta das três "funções psicológicas" que a economia global não é simplesmente a soma dos comportamentos individuais. As ligações entre os mercados passam ao primeiro plano, mas não têm necessariamente a virtude reequilibradora que lhes atribui a economia clássica. Suas interdependências transitam a curto prazo pelo rendimento e pela taxa de juros monetária, e podem levar a uma situação depressiva duradoura.

III. Do multiplicador aos programas keynesianos

Por bem argumentado que seja, esse diagnóstico padece de uma insuficiência grave: ele não contém nenhuma indicação quantificada sobre a amplitude do fosso que separa o nível de atividade de uma economia próxima do pleno emprego e o de uma economia mergulhada na depressão, nem sobre os meios de eliminá-la. É a teoria do multiplicador que permitirá obter uma resposta a essas questões. Sua primeira formulação, como vimos, foi feita por Richard Kahn em 1931. Ela vincula o investimento e o emprego, mostrando como o impulso de um investimento inicial é capaz de aumentar o emprego por ondas sucessivas de importância decrescente. Keynes retoma esse mecanismo, mas o aplica a toda despesa suplementar que, com as variações de rendimento que induz, vai ocasionar o emprego.

Se tomarmos uma propensão marginal a consumir de 0,8 e, portanto, uma propensão marginal a poupar de 0,2, e a despesa injetada na economia equivaler a 100 (euros ou dólares...), a primeira onda de despesas será de 80. Mas esses 80 serão revertidos como receita para as empresas que venderam os produtos consumidos, e elas vão distribuí-los na forma de salários ou na forma de pagamento a seus fornecedores que, por sua vez, também vão distribuir salários: o resultado é que esses 80 lançarão uma segunda onda de despesas, de 64 x 0,8, ou seja, 51,2, e assim por diante. Vê-se que as ondas sucessivas são de importância decrescente, o que se compreende bem ao observar que a cada vez a poupança representa, de certo modo, uma "fuga" de 20%.

O multiplicador dá o valor final da soma desses acréscimos sucessivos até os últimos, que se tornam negligenciáveis. Se chamarmos k o multiplicador e A a soma inicial, o valor de uma série do tipo $A + c(A) + c^2(A) + c^3(A)... + ... + c^n(A)$ será kA, com $k = 1/(1-c)$, se c está compreendido entre 0 e 1. No exemplo numérico apresentado acima, c valendo 0,8, o multiplicador é igual a 5.

Esse valor é aqui muito elevado. Ele significa que uma despesa inicial de 100 resultará, para o rendimento, num aumento final de 500. Observe-se, de resto, que as somas totais retiradas pela poupança são, por sua vez, de 100... o que corresponde precisamente à necessidade de financiamento do impulso inicial! Esse resultado ilustra, portanto, a afirmação de Keynes segundo a qual há de fato equilíbrio entre o investimento e a poupança, mas ele resulta dos aumentos do investimento (ou de suas diminuições, o multiplicador podendo funcionar em sentido contrário). A argumentação não vale, é claro, se existem na economia capacidades de produção inutilizadas, pois nesse caso, afirma Keynes, o multiplicador degenera em inflação. Por outro lado, o raciocínio foi feito aqui em economia fechada, sem levar em conta a possibilidade de trocas internacionais. Em estudos posteriores, as importações aparecerão como "fugas" da mesma forma que a poupança: com efeito, as somas que lhes são destinadas abandonarão o país e deixarão de sustentar a atividade. A convicção de Keynes é que o multiplicador, sem ser muito elevado, é claramente superior a 1, o que permite considerar e calibrar intervenções públicas em caso de desemprego persistente.

Várias consequências decorrem dessas análises. A possibilidade de intervenções públicas é uma delas, mas as repercussões teóricas, explícitas ou implícitas, são igualmente importantes. A *Teoria geral*, obra voltada para o futuro e para a ação, desemboca numa série de programas práticos e teóricos, esboçados especialmente no livro 6.

Uma surpresa aguarda o leitor. Keynes não apresenta em parte alguma uma explicação argumentada sobre o desencadeamento e o desenrolar da crise de 1929. Em várias oportunidades ele falou das causas e das consequências da "Grande Depressão", mas não aqui. O que lhe importa, na verdade, pertence a uma outra ordem. Ele quer mostrar que o capitalismo tem tendências permanentes à depressão, e que estas são cada vez mais fortes à medida que ele se desenvolve e que algumas classes sociais enriquecem. O mecanismo é simples: à medida que o rendimento aumenta, a propensão a gastar tende a diminuir entre os mais ricos, o que tende a deprimir a atividade. A saturação das necessidades de consumo dos ricos freia a expansão do sistema. Literalmente, eles não sabem mais o que fazer do seu dinheiro. Assim a crise de 1929, em sua violência, não é senão um avatar particular dessa tendência e não requer uma explicação particular no nível de generalidade em que se situa a *Teoria geral*.

O primeiro programa que ele apresenta é um catálogo de medidas de política econômica. As intervenções que propõe não se limitam ao aumento dos gastos públicos para fins que serão posteriormente chamados "contracíclicos". A política monetária tem também um papel a desempenhar. De fato, a manutenção de taxas de juros num nível baixo desestimula o oportunismo de uma certa forma de especulação e orienta os capitais disponíveis para os investimentos produtivos. Convém, portanto, evitar a deflação (a baixa dos preços e das despesas, que provoca uma perigosa contração da atividade) e alimentar generosamente a economia em liquidez.

Essa política de curto prazo, cujas opções e a dosagem não são totalmente especificadas, tem várias implicações de longo prazo. Keynes vai observar que o estímulo pela despesa é mais forte quando se transmite a grupos sociais modestos, capazes de gastar mais e mais depressa que os ricos. Assim, a filosofia social de suas prescrições tem uma tendência relativamente igualitária. As grandes fortunas não possuem justificação econômica e podem frear a atividade. É bom para a economia que os mais pobres vejam seus rendimentos progredirem mais que a média. Sua análise fornece amplas justificações às transferências em favor dos mais pobres, que conciliam uma preocupação de justiça social e uma contribuição eficaz à retomada da atividade. Ele vai mais longe, prevendo e justificando em formulações célebres "a eutanásia do rentista" e "a socialização do investimento". Mas essas perspectivas devem ser interpretadas com prudência. Elas não são as de um revolucionário nem mesmo de um defensor da social-democracia. A condenação do rentista é um velho tema da economia política, e a crítica aos que colhem onde não semearam encontra-se na Bíblia. Keynes preconiza a manutenção da taxa de juros num nível baixo, do que deveria resultar a longo prazo uma situação em que os capitalistas perdessem progressivamente seu poder, porque o capital deixa de ser tão raro quanto é hoje. A evolução já havia começado: "Os juros não remuneram hoje nenhum sacrifício verdadeiro, como tampouco a renda da terra" (*TG*, p. 369). Ela será progressiva e automática: "A grande vantagem da evolução que preconizamos é que a eutanásia do rentista e do capitalista ocioso não será repentina, não exigirá nenhuma revolução, sendo simplesmente a continuação por etapas, mas longamente buscada, daquilo que conhecemos recentemente na Grã-Bretanha" (*TG*, p. 370). A necessidade de uma política fiscal ativa da parte do Estado conduz, de fato, a "uma mais ampla socialização do investimento" (*ibid.*), mas isso não justifica de maneira alguma um "socialismo de Estado". Keynes não deseja uma intervenção pública que oriente as iniciativas privadas e permanece um defensor da economia capitalista de mercado: "Quando, entre 10 milhões de homens dispostos e capazes de trabalhar, há 9 milhões empregados, não é evidente que o trabalho desses 9 milhões seja mal orientado. A censura que convém fazer ao sistema atual não é não destinar às tarefas apropriadas os 9 milhões de homens empregados, mas não ter trabalho disponível para o último milhão" (*TG*, p. 372).

A *Teoria geral* se concentra num número deliberadamente restrito de questões e de mecanismos, mas suas perspectivas teóricas são amplas. Ela nada diz, por exemplo, sobre as trocas internacionais, nem sobre a inovação, nem sobre a concorrência imperfeita, e diz pouco, como vimos, sobre os ciclos econômicos. É muito alusiva sobre o nível dos preços e quase não considera situações de inflação. Mas essas restrições mostram que ela está focalizada num obstáculo teórico que Keynes quer remover: a incapacidade de conceber e, portanto, de tratar o desemprego duradouro. A questão é a da interdependência entre os mercados, examinada em nível global. É possível agora dar um conteúdo mais preciso à ambivalência apontada na introdução deste capítulo. Trata-se, na realidade, de dois programas de pesquisa, cada um com suas prioridades e suas referências. Um considera que a concepção da economia proposta por Keynes deve ser radicalmente diferente da que ele critica. Seria então um programa radical que busca transformar a economia como um todo. A *Teoria geral* explicita uma série de oposições que esboçam esse programa: passar de uma economia "real", na qual a moeda é apenas um véu, a uma economia monetária; passar de uma economia dominada pelo estudo das trocas de mercado a uma economia da produção e do rendimento; passar de uma economia dominada pelo consumidor isolado a uma economia dominada pelos empresários enquanto grupo social; passar do estudo dos preços, que supõe as quantidades dadas e as preferências reveladas, ao estudo das variações da produção e do emprego; passar, enfim, de um mundo certo ou probabilizável a um mundo submetido à incerteza não probabilizável.

Duas pistas, pelo menos, decorrem desse primeiro programa e são indicadas na *Teoria geral*. Uma consiste em estudar as decisões sem postular a racionalidade dos comportamentos otimizadores isolados, mas interessando-se por rotinas coletivas e por motivações passionais: Keynes forja assim a ideia de "espíritos animais" que governam as iniciativas dos empresários, evidencia os comportamentos gregários e as consequências do mimetismo. O enraizamento em convenções impede que esse mimetismo desemboque no arbitrário e no caos. Mas essas convenções são frágeis, o que contribui a explicar a instabilidade do capitalismo. Essa pista leva claramente a questionar o *homo economicus* postulado pela microeconomia. A segunda pista explora as ligações entre a moeda e os empresários. A moeda criada é, de certo modo, uma antecipação da produção, mas ela só é validada se essa produção corresponde à demanda social. O estudo dessa validação que fecha o circuito dos pagamentos coincide, então, com algumas formulações de Marx relativas à posição estratégica dos capitalistas no circuito de extração e de validação da mais-valia. Conforme resumirá em 1974 Nicholas Kaldor*, um dos principais continuadores de Keynes, "os capitalistas ganham o que gastam", enquanto os assalariados "gastam o que ganham". O pensamento de Keynes abre-se assim a diversos estudos nos antípodas do pensamento marshalliano.

Mas esse programa radical coexiste com um outro, mais conservador e menos ambicioso: o que busca simplesmente explicitar, no nível global, as consequências do jogo simultâneo dos diferentes mercados, mostrando que elas abrem um espaço de interações anteriormente negligenciadas ou mal compreendidas. Esse programa se condensou, logo após a publicação da *Teoria geral*, no que se convencionou chamar de o "modelo IS/LM".

IV. O "modelo IS/LM"

Formulado em sua primeira versão por J. Hicks em 1937, retocado por Franco Modigliani em 1944 e a seguir difundido por A. Hansen, o "modelo IS/LM" é exposto no início de todos os manuais de macroeconomia. Ele supostamente condensa a contribuição da *Teoria geral* em algumas equações e um diagrama. As equações resumem o funcionamento do mercado de bens e o da moeda, ficando o mercado de trabalho no plano de fundo. Já vimos isso. Tomemos, primeiro, o mercado de bens. Quando se raciocina com antecipações dadas, portanto a

---

* A fórmula é geralmente atribuída por erro a um economista polonês contemporâneo de Keynes, Michal Kalecki, cujos trabalhos tiveram um papel importante na economia pós-keynesiana (ver o capítulo seguinte).

muito curto prazo, Keynes aceita a igualdade "clássica" entre a eficácia marginal do capital e a taxa de juros, o que faz o investimento depender negativamente da taxa de juros. Quanto mais baixa esta for, maior será o investimento, projetos menos rentáveis sendo aplicados. Em contrapartida, Keynes faz depender a poupança do rendimento e não da taxa de juros. Essa ligação é positiva. Pode-se portanto escrever $S = f(Y)$ e $I = g(i)$, com $I = S$ graças ao processo do multiplicador. Quanto ao mercado da moeda, sabemos que a demanda de moeda Md se decompõe em duas partes: uma resulta das necessidades de transações e depende positivamente do rendimento, e a outra, especulativa, depende negativamente da taxa de juros (cf. *supra*). Logo, $Md = L_1(Y) + L_2(i)$. A oferta de moeda Mo, que provém dos bancos, é supostamente determinada por outras instâncias, "exógenas", segundo a linguagem da modelização.

Temos aqui um sistema de equações que dependem de duas variáveis, Y e *i*. É possível considerá-las como um "bloco de demanda" que descreve a economia de um país, a oferta de produtos sendo implícita. Para isso é preciso supor que esta não interfere: a economia dispõe de capacidades não empregadas e (o que é mais ou menos a mesma coisa) há desemprego involuntário. Assim, é claramente a demanda que determina o nível da atividade e pode-se supor também que os preços são fixos, os eventuais ajustes ocorrendo pelas quantidades, portanto pelas variações do rendimento.

Sob essas condições, é possível resumir os resultados do equilíbrio dos dois mercados por duas curvas, que não são curvas de oferta ou de demanda, mas diferentes combinações de *i* e Y que permitem igualar I e S, e diferentes combinações de i e Y que permitem igualar a oferta e a demanda de moeda. Por um lado, obtém-se a curva IS, cuja inclinação é negativa. De fato, I aumenta quando i diminui. S deve acompanhar e aumentar também, o que implica que Y aumenta. Portanto, a curva IS associa um decréscimo de i a um crescimento de Y. Por outro lado, com massa monetária constante (é a oferta exógena), se a moeda utilizada para as transações aumenta com o rendimento, é preciso que a moeda utilizada para fins especulativos baixe, o que implica que i aumenta para desestimulá-la. Temos assim uma curva LM na qual i e I crescem ao mesmo tempo.

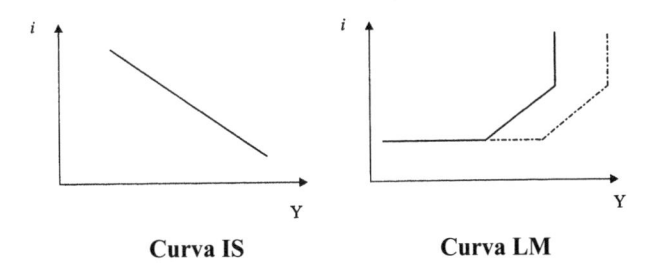

Curva IS   **Curva LM**

A forma em três segmentos da curva LM justifica-se por duas considerações. Por um lado, abaixo de um certo limiar muito baixo da taxa de juros, a tendência a entesourar torna-se praticamente infinita. É a "armadilha de liquidez". Simetricamente, a partir de um nível elevado da taxa de juros, toda a poupança é aplicada e não se pode mais obter aumento do rendimento, o que corresponde ao segmento vertical e à hipóteses dos "clássicos". O segmento intermediário mostra uma situação em que o equilíbrio monetário entre transação e especulação é sensível à taxa de juros. A linha pontilhada descreve uma curva LM associada a uma oferta de moeda superior à da linha contínua.

O cruzamento das duas curvas determina uma situação de compatibilidade entre as decisões das empresas e das famílias, levando em conta a oferta de moeda dos bancos. Disso resulta uma apresentação de uma das mensagens centrais de Keynes: a justificação de uma política expansiva ao mesmo tempo monetária e fiscal.

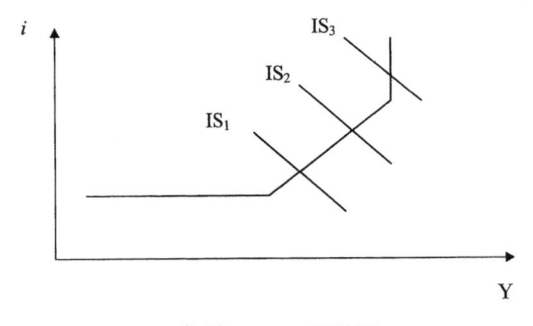

O diagrama IS/LM

De fato, não há razão alguma para que o ponto de encontro entre a curva IS e a curva LM seja associado a um nível de rendimento elevado que se aproxime do pleno emprego. Para os decisores públicos, é preciso de certo modo ir o mais longe possível para a direita do gráfico, o que a economia não faz espontaneamente. O rendimento máximo, considerada a oferta da moeda, se lê na abscissa do segmento vertical da curva LM. Por isso a responsabilidade do Estado é dupla: deslocar a curva IS para a direita, através de despesas públicas suplementares (política orçamentária, fazendo passar, por exemplo, de IS_1 a IS_2), e também deslocar a curva LM para a direita (política monetária expansiva). A combinação dos dois instrumentos define assim um *policy mix*, um programa simplificado de política econômica. Cada política reforça a outra. O diagrama tem também o interesse de indicar dois casos particulares: o da "armadilha de liquidez", em que a política monetária perde efeito, e o segmento vertical da curva LM, em que estímulos orçamentários suplementares não permitem mais aumentar o rendimento e podem degenerar em inflação: passar de IS_2 a IS_3 faz chegar a um segmento de LM em que a taxa de juro se dissipa, mas o rendimento não aumenta mais.

A simplicidade e a contribuição imediata de sugestões de política econômica explicam, certamente, o excepcional sucesso do diagrama IS/LM. Observemos, porém, que ele resume apenas uma parte das explanações anteriores e com uma limitação evidente: trata-se de um esquema estático e simultâneo, quando o propósito de Keynes é estudar processos dinâmicos e sequenciais. O esquema adota, de certo modo, a linguagem e a lógica da teoria clássica, para delas tirar consequências que esta não tira. Ele ilustra, com brilho, o programa pragmático e conciliador da *Teoria geral*.

Capítulo 4
Keynes depois de Keynes

Falecido em 1946, dez anos após a publicação de sua obra principal, Keynes não pôde avaliar plenamente seu sucesso, que se tornou universal a partir dessa data. Essa vitória sem igual, que fez dele o economista mais influente do século XX, não tomou exatamente a forma que ele esperava. Através da reformulação IS/LM, para ele marginal, a macroeconomia moderna ganhou impulso, raciocinando por grandes funções, construindo modelos e culminando nas políticas estatais de regularização da conjuntura. Os governos ocidentais em sua maior parte adotaram, simplificaram, mas também deformaram sua mensagem política. A mudança foi espetacular e, já em 1948, nos Estados Unidos, era batizada de "revolução keynesiana". Nos anos 1940-1950, uma nova profissão surgiu, a do macroeconomista, que conquistou com entusiasmo inúmeros economistas. Rapidamente, também, múltiplas correntes se criaram, umas desenvolvendo a nova disciplina baseada no modelo IS/LM, outras se opondo a ele, mas todas invocando o testemunho do mestre. Com seus saberes e suas controvérsias, esses grupos de economistas "keynesianos" dominaram quase sem restrição o pensamento e a prática da economia mundial durante cerca de trinta anos.

Uma nova mudança se verifica a partir dos anos 1970-1980. Era natural que a macroeconomia se transformasse, se enriquecesse de outras práticas e outros pontos de vista. Aliás, foi o que aconteceu durante os trinta anos que se seguiram à Segunda Guerra Mundial. Mas, no plano da pesquisa fundamental, assiste-se progressivamente a algo bem diferente: uma inversão total. A "revolução keynesiana" deu lugar a uma "contrarrevolução keynesiana" igualmente radical e sistemática, tanto no plano dos métodos quanto no das consequências. Grupos de macroeconomistas se juntaram assim numa oposição virulenta a Keynes e a seus discípulos, e passaram a dominar. Essa mudança permaneceu essencialmente assunto de especialistas. Sempre muito presente nos debates políticos e sociais, nos manuais de macroeconomia e nas práticas dos macroeconomistas, Keynes quase desapareceu do horizonte teórico. Passou a ser estudado apenas por alguns grupos de pesquisadores geralmente marginalizados e por historiadores do pensamento econômico.

No começo do milênio, porém, e mais ainda depois da irrupção da grande crise iniciada em 2008, parece que o pêndulo oscilou de novo no outro sentido. Diante do atual testemunho da instabilidade do capitalismo, governos do mundo inteiro se inspiram de novo, explicitamente, nos ensinamentos de Keynes. Muitos observadores falam de um "retorno a Keynes", seja para se alegrar com isso, seja, mais raramente, para lamentá-lo, mas em geral sem esclarecer o sentido dessa referência.

Reconstituir e compreender esse destino póstumo excepcional suporia, em toda a lógica, reunir, ler e comentar o conjunto dos autores que em maior ou menor grau invocam Keynes, os autores críticos e as eventuais respostas a esses autores críticos, seguidas de contrarrespostas... antes de examinar as políticas conduzidas sob seu nome e seu destino! Vimos que a exaustividade já estava fora de alcance quando se tratava do próprio Keynes e de sua obra. O desafio é ainda maior no que concerne à herança de Keynes. Ele conjuga profissionalização industrial e fracionamento passional, tecnicidade matemática e receitas de política econômica, citações de pura forma e evoluções subterrâneas. Correntes muito distintas reivindicaram as etiquetas oriundas de Keynes: "keynesianismo", "neokeynesianismo", "pós-keynesianismo"... Seriam necessárias várias vidas para examinar em detalhe os pontos comuns, as diferenças e as trajetórias dessas diversas correntes às vezes em forte oposição entre si.

O objeto deste capítulo é mais limitado. Baseando-se na diversidade e na riqueza dessas correntes e dessas práticas, ele busca evidenciar, da forma mais simples possível, as transformações sucessivas da macroeconomia originadas do impulso keynesiano. Fomos levados a distinguir dois processos entrelaçados: no domínio teórico, uma alternância de sucesso irrestrito e de rejeição maciça; no domínio das aplicações e das políticas públicas, uma evolução complexa e contínua, que conjuga persistências e aprofundamentos. A interação desses dois processos, brutalmente trazida de volta ao primeiro plano na crise iniciada em 2008, resulta na variedade das repercussões hoje constatadas. A vida póstuma de Keynes não é, de modo algum, repouso.

I. O desdobramento da "revolução keynesiana" (1936-1970)

Ainda hoje é difícil decantar, no sucesso da *Teoria geral*, o que pertence a uma originalidade própria do autor e aquilo que ele capta, com talento, no ar do tempo e nas contribuições dos outros. Claramente antikeynesiano, um livro publicado em 1999 por David Laidler intitula-se *Fabricating the Keynesian Revolution**, sugerindo assim que a "revolução keynesiana" é uma revolução "fabricada" – inteiramente artificial, em suma. Por isso é útil começar por examinar brevemente a recepção do livro: de

---

* Cambridge University Press.

que maneira os economistas contemporâneos de Keynes reagiram à sua publicação? Poderemos, a seguir, nos concentrar na modalidade principal de difusão do seu pensamento: o surgimento da modelização macroeconométrica, primeiro nos Estados Unidos, depois um pouco em toda parte no mundo. O desenvolvimento da escola keynesiana de Cambridge, por herdeiros diretos do mestre, na Grã-Bretanha, fornece durante esse período o principal contraponto – brilhante mas minoritário – a essa expansão dos modelos e da política econômica.

1. **A recepção da *Teoria geral*** – "A *Teoria geral* se abateu sobre a maior parte dos economistas de menos de 35 anos com a violência inesperada de uma doença que ataca e dizima uma tribo isolada das ilhas dos Mares do Sul. Os economistas de mais de cinquenta anos se mostraram imunizados contra o mal. Com o tempo, os economistas de idade intermediária foram também afetados em sua maior parte, sem reconhecer ou admitir sua condição." Datado de 1964, esse testemunho do americano Paul Samuelson, que fazia parte dos "juniores" e ia difundir muito ativamente a versão IS/LM da contribuição de Keynes, põe em evidência uma clivagem de gerações. Os inúmeros comentadores que se exprimiram em 1936 e 1937 eram em sua maioria economistas confirmados. Eles ou julgaram que a originalidade da *Teoria geral* era bem menor que a pretendida pelo autor ou criticaram diretamente seu raciocínio e suas conclusões. Foi o que aconteceu em particular nos Estados Unidos, onde o livro foi de início fustigado por economistas tão diversos quanto J. Schumpeter, J. Viner, A. Hansen e F. Knight. A Segunda Guerra Mundial vai tornar as coisas ainda mais complexas. Na Grã-Bretanha a influência de Keynes é dominante, mas se traduz sobretudo pela preocupação com a

contabilidade nacional, deixando o estímulo à economia em segundo plano diante da necessidade de organizar e de financiar o esforço de guerra. Nos Estados Unidos, terminada a guerra e virada a página da era Roosevelt, o confronto entre Keynes e White em relação ao sistema monetário internacional e a suas propostas intervencionistas faz do seu nome, por algum tempo, um verdadeiro assunto polêmico.

Keynes soube – a exemplo de outros, mas melhor que outros – fornecer uma doutrina para a época inaugurada em 1945. Ele tinha certamente rivais, mas os suplantou. Entre os autores que nos anos 1930 haviam dado uma clara contribuição ao nascimento da macroeconomia distingue-se uma série de economistas nórdicos. É o caso do norueguês Ragnar Frisch, a quem se deve o termo "macroeconomia", e sobretudo dos suecos da Escola de Estocolmo. O mínimo que se pode dizer é que Keynes, que conhecia esses trabalhos e também deve muito a seu inspirador dos anos 1900, Knut Wicksell, não reconheceu sua dívida nem prestou homenagem a essas contribuições, em sua maior parte publicadas em sueco. Ele tinha a vantagem, sobre tais autores, de apresentar uma visão sintética, operacional, graças ao "multiplicador", além do fato de publicar no país certo, no momento certo e na língua certa. O que o diferenciou foi ter deixado para trás as controvérsias sobre as explicações dos ciclos econômicos e ter-se voltado para o futuro. Diante da quantidade de números e de argumentos que buscavam compreender o passado, ele trazia ao problema do desemprego uma solução estritamente técnica e centrada numa alavanca, o estímulo da demanda. Uma vez aceito esse ponto de partida claramente revolucionário, um duplo programa se esboça para os que querem prolongar a pista: primeiro, instrumentalizar essa política com representações e avaliações concretamente validadas; a seguir, enriquecê-la indo além desse núcleo mínimo, complexificando os determinantes da demanda e introduzindo, de outro lado, a oferta.

2. **Nascimento e desenvolvimento dos modelos macroeconométricos** – Em poucos anos o processo de criação e de exploração dos modelos macroeconométricos realizaria esse programa, passando rapidamente de uma fase artesanal a uma quase industrial.* Na base desses desenvolvimentos, duas condições de possibilidade muito concretas: por um lado, o desenvolvimento rápido da estatística pública e da contabilidade nacional, especialmente na Grã-Bretanha sob o impulso de dois discípulos de Keynes, James Meade e Richard Stone, mas também em todos os países desenvolvidos; por outro lado, a destinação a essas pesquisas de uma massa de recursos financeiros gerados por instituições públicas e privadas. Estas reúnem equipes de pesquisadores, estatísticos e informáticos cada vez mais numerosas, respondendo à demanda de modelos que garantam a previsão econômica e orientem as políticas públicas. Já nos anos 1930, a "Cowles Comission for Research in Economics" nos Estados Unidos, organização sem fins lucrativos criada por um operador do mercado financeiro arrependido, havia financiado as primeiras versões de um modelo econométrico que supostamente resumiria em algumas equações e em alguns coeficientes o comportamento macroeconômico de um país. Keynes havia se oposto vivamente a essa primeira tentativa, devida a Jan Tinbergen. Mas é de novo um pesquisador financiado pela "Cowles Comission", Lawrence Klein, que elabora e testa com Arthur

---

* Para uma apresentação geral das gerações sucessivas desses modelos, ver: A. Epaulard. *Les modèles appliqués de la macroéconomie*. Paris: Dunod, 1997.

Goldberger, nos anos 1950, o que é considerado o primeiro modelo macroeconométrico plenamente reconhecido: o "modelo Klein-Goldberger" (1955).* De fatura claramente keynesiana na linha IS/LM, esse modelo se baseia na primazia da demanda. Com seus diversos componentes (consumo, investimento, exportações e gastos públicos), é ela que determina o nível da atividade. Esse modelo compreende dezessete equações: cinco são identidades contábeis e doze são equações de comportamento. Ao contrário do que Tinbergen havia proposto, ele inclui equações não lineares e não tem coeficiente fixo *a priori.* Contemporâneo das primeiras calculadoras eletrônicas, é um momento-chave no surgimento da econometria. Esta reúne as técnicas estatísticas e matemáticas capazes de, a partir do estudo das correlações entre variáveis observadas no passado, estimar o valor dos parâmetros presentes nas equações do modelo.

Após essa primeira experiência, assiste-se à elaboração de modelos cada vez maiores e mais ambiciosos, desenvolvidos por numerosos colaboradores encarregados desse ou daquele aspecto. Uma etapa importante é o "modelo da Brookings Institution", que exigiu dez anos de elaboração e cujas versões atingem, às vezes, cerca de quatrocentas equações. Datado da segunda metade dos anos 1960, ele se vale das contribuições dos melhores especialistas de cada domínio (consumo, investimento, demanda de trabalho...), mas resulta num fracasso relativo, a coerência do conjunto não sendo plenamente assegurada.

Quatro campos principais de inovação vão enriquecer a modelização nos anos 1950 e 1960: alguns pesquisadores (Baumol, Tobin) buscam especificar melhor a

---

* L. Klein, A. Goldberger, *An Econometric Model of the United States, 1925-1952,* Amsterdã, North Holland, 1955.

demanda de moeda, retomando as categorias propostas por Keynes (transação, precaução, especulação); outros (Jorgenson) analisam o comportamento de investimento: como o investimento faz crescer a capacidade de produção, pode-se acrescentar ao multiplicador um "acelerador"; outros ainda (Mundell e Fleming) apresentam o esquema IS/LM em economia aberta, o que requer especificar o regime de troca, seja fixo, seja flexível; enfim, e explicitaremos um pouco mais essa inovação, o recurso à "curva de Phillips" permite introduzir ligações entre desemprego e inflação.

Em 1958, um economista neozelandês, William Phillips, publicou um artigo que mostrava, para a Grã-Bretanha entre 1861 e 1957, uma ligação empírica entre a taxa de crescimento dos salários nominais e a taxa de desemprego. Essa contribuição, aparentemente menor, estabelecia uma ligação inversa: quanto menor a taxa de desemprego, mais os trabalhadores são capazes de obter aumentos salariais. A ligação foi rapidamente retomada e transformada pelos modelizadores, que consideraram que esses aumentos salariais, para além de 1 a 2% que correspondem aos ganhos anuais de produtividade do trabalho, deviam se traduzir por inflação, através da repercussão desses aumentos sobre os preços praticados pelas empresas. A ligação negativa é então entre desemprego e inflação. Trata-se portanto de inflação salarial, e isso evidentemente não permite explicar outras fontes de inflação como, por exemplo, as repercussões de uma alta de preços do petróleo (um "choque petrolífero"). A introdução da "curva de Phillips" foi um sucesso fulgurante, por três razões complementares. Primeiro, por introduzir nos modelos IS/LM, estabelecidos sob a hipótese de preços fixos a curto prazo, a possibilidade de variações em alta do nível dos preços que resultariam de um desemprego pequeno. A seguir, por permitir de certo modo "fechar" o modelo, introduzindo o efeito retroativo do mercado de trabalho sobre os outros mercados. Enfim, a esses avanços intelectuais somou-se uma vantagem operacional que se tornou rapidamente decisiva num período em que o crescimento econômico era acompanhado de inflação. De fato, a curva de Phillips permite traçar uma série de combinações da taxa de desemprego e da taxa de inflação que são compatíveis, orientando assim a decisão pública à medida que a economia se aproxima do pleno emprego. Reduzir taxas de desemprego elevadas mediante políticas de estímulo à demanda é portanto possível, mas para além de um certo ponto haverá inflação de origem salarial. Os responsáveis políticos devem assim escolher seu prato num "cardápio" de política econômica: ou uma taxa de desemprego com nenhuma ou pouca inflação, ou taxas de desemprego menores, mas com mais inflação.

Durante os anos 1970, os modelos se difundem no mundo inteiro, geralmente financiados pelos governos e desenvolvidos pelos ministérios da Economia, mas também pelos bancos centrais. Eles compreendem na maioria das vezes uma estrutura de base IS/LM com uma ligação de Phillips. Alguns são muito amplos (1.500 equações), porque decompostos em setores.

Esse triunfo operacional da macroeconomia é acompanhado, no domínio acadêmico, de uma espécie de pacto de não agressão. Ele é nomeado de "síntese neoclássica", após a apresentação feita por Samuelson em 1955, na terceira edição do seu célebre manual *Economics*. De fato, tudo separa as duas disciplinas fundamentais da economia, a micro e a macroeconomia. De um lado, uma teoria baseada na racionalidade individual em busca da otimização sob pressão; de outro, grandes funções com as quais se esquematiza a interação global e que requerem a intervenção pública. E, entre as duas, nenhuma ponte. A posição de Samuelson é atribuir à macroeconomia o estudo de curto prazo global, marcado por desequilíbrios de curto período, e o restante ao saber econômico convencional, ou seja: de um lado o estudo das escolhas individuais e dos mercados específicos, de outro o estudo de longo prazo em que os ajustes de preços supostamente poderiam se desenvolver de forma livre. Nessa visão há uma clara divisão do mundo econômico, uma espécie de Tratado de Yalta* intelectual.

Muitos autores, na esteira de Samuelson, tentaram reduzir a distância entre os dois mundos, buscando dar fundamentos microeconômicos à macroeconomia. Pode-se já observar que, no campo acadêmico estruturado pelos economistas americanos, a relação de força, mesmo estabilizada por essa divisão, não é favorável a Keynes. Enquanto este, ao escrever a *Teoria geral*, quis fazer do saber convencional da microeconomia um caso particular da macroeconomia, no campo acadêmico americano é o contrário que se verifica.

3. **Cambridge contra Cambridge** – Do outro lado do Atlântico, o círculo dos discípulos de Keynes mostrava-se amplamente hostil a esses acontecimentos, vistos como a manifestação de um keynesianismo abastardado, edulcorado e finalmente deformado. Joan Robinson, Nicholas Kaldor, Roy Harrod, Evsey Domar, aos quais haveriam de se juntar Luigi Pasinetti e outros, desenvolveram sua própria macroeconomia, permanecendo essencialmente no terreno dos modelos teóricos e opondo-se ao Yalta americano. Disso resultou primeiramente uma série

---

* Estabelecido entre a União Soviética e os Aliados, no final da Segunda Guerra Mundial. (N.T.)

de modelos macroeconômicos keynesianos, mas de longo prazo, na origem do que veio a ser uma "macroeconomia heterodoxa".* Essas elaborações provocaram fortes polêmicas.

Já em 1939, e acompanhado por Domar em 1947, Harrod havia proposto um prolongamento das intuições de Keynes para o longo prazo e formalizado um modelo de crescimento. Os trabalhos posteriores, sobretudo os de Kaldor e de Pasinetti, criam margens de ajustamento através das variações do lucro e da posição relativa dos dois grupos diferentes que são os trabalhadores e os empresários. Diante dessas elaborações, os economistas americanos partidários da "síntese neoclássica" – Samuelson, Modigliani, Robert Solow e o inglês James Meade – respondem que os resultados dos keynesianos ingleses dependem antes de tudo de suas hipóteses, uma delas impedindo a possibilidade de substituição entre fatores no interior das funções de produção. Eles propõem um modelo neoclássico de crescimento no qual os desequilíbrios de longo prazo não aparecem, estes sendo automaticamente absorvidos pelas variações dos preços dos fatores de produção e pela flexibilidade do coeficiente de capital. Seguem-se salvas de críticas, de respostas e de contracríticas. Como os americanos em sua maior parte eram membros do Massachusetts Institute of Technology (MIT) implantado em Cambridge, Estados Unidos, a guerra se intensifica entre as duas Cambridge, a britânica contra a americana.

Com seus argumentos críticos, os ingleses indiscutivelmente marcaram mais pontos, seus adversários buscando minimizar o alcance de seus questionamentos. Mas

---

* A primeira parte do livro de S. Charles, *Macro-économie hétérodoxe*, Paris: L'Harmattan, 2006, oferece uma síntese recente desses desenvolvimentos dos anos 1950 e 1960.

foi uma vitória de Pirro: Cambridge (na Grã-Bretanha) permaneceu uma escola brilhante e isolada, sem gerar entre 1950 e 1970 aplicações tão visíveis e proteiformes quanto as originadas da tradição IS/LM.

4. Políticas públicas: todos keynesianos? – Em retrospectiva, os anos 1950-1960 aparecem como uma idade de ouro da intervenção pública no campo econômico. Uma expressão resume as esperanças de controle do Estado sobre a conjuntura que então floresceram: o *fine tuning*, ou seja, a regulagem fina e permanente da atividade. Ela devia resultar do *policy mix*, do uso simultâneo e cuidadosamente dosado de vários instrumentos de política econômica: o saldo orçamentário em déficit ou em excedente (política orçamentária), o controle da massa monetária e da taxa de juros (política monetária). Parece evidente atribuir essas práticas à difusão das ideias de Keynes no mundo político, tese que tem uma versão bem mais crítica: Keynes foi apresentado por seus adversários como o homem do déficit orçamentário sistemático que acompanhava o domínio cada vez maior do Estado moderno e que resultava numa inflação crescente.

Críticas ou não, essas teses são inexatas, como inúmeros estudos provaram.* Embora a referência a Keynes seja frequente, tanto nos programas dos governos ocidentais quanto nos discursos de seus dirigentes e de seus especialistas, ela não é geral: países como a Alemanha e o Japão permaneceram imunizados. Além disso, as ideias de Keynes encontraram muito mais oposição do que parece hoje. Por fim, e sobretudo, as políticas desenvolvidas sob a etiqueta de keynesianismo – por A. Lerner e A. Hansen

---

* P. Hall (dir.), *The Political Power of Economic Ideas. Keynesianism across Nations*. Princeton: Princeton University Press, 1989.

nos Estados Unidos, por exemplo – não são as que Keynes havia proposto. O déficit orçamentário que ele recomendava se baseava muito classicamente em gastos de investimento (através de obras públicas), e ele não era favorável a um déficit do orçamento dos gastos correntes (de consumo público). Na sua opinião, o déficit só se justificava em casos de insuficiência comprovada da demanda. Keynes, que participou ativamente da gestão da economia em tempos de guerra, sempre foi consciente dos problemas gerados pelo endividamento público e, no começo da Segunda Guerra Mundial, esteve na origem de um projeto de salário diferido, instaurado na Grã-Bretanha: as somas retidas deviam financiar o esforço de guerra e ser restituídas aos assalariados uma vez terminada a guerra. É exatamente o contrário de uma política de déficit permissiva. Quanto à política monetária, ela não era negligenciada por Keynes, mas devia fornecer, de maneira "acomodatícia" e regular, a liquidez que a economia necessitava. Não devia servir a regulagens conjunturais permanentes.

Na realidade, as ideias de Keynes, amplamente deformadas, conheceram duas evoluções independentes delas. De um lado, aparece a *economia mista*, que combina setores privado e público: o controle do Estado, instrumentalizado pela contabilidade nacional, é exercido pela força do orçamento e pela gestão das empresas públicas. De outro lado, o *Estado-Providência*, que administra as transferências maciças da Previdência social, afirma-se responsável pelo nível do consumo popular e pelo pleno emprego: são ideias desenvolvidas na Grã-Bretanha já em 1942 por W. Beveridge. As de Keynes, no que se refere à gestão macroeconômica pelo controle da demanda, eram complementares, mas distintas.

II. Diante da contrarrevolução neoclássica, fragmentação e persistência dos keynesianismos

À medida que se desenvolveram os modelos macroeconométricos, suas insuficiências apareceram. Foi-lhes reprovado, em particular, não levar em conta, ou não suficientemente, os bens patrimoniais. Os consumidores, por exemplo, são conscientes da erosão de seu patrimônio nos períodos de inflação: eles aumentam então sua poupança para reconstituir esse valor. Por trás desse comportamento se encontra um mecanismo mais geral, o "efeito de reservas reais", que Keynes já havia observado e que Pigou formulou. Esse efeito desempenha um papel estabilizador em período de deflação, os agentes dispondo de um patrimônio com valor aumentado por causa da baixa dos preços, podendo então gastar mais. Em suma, os agentes eram vistos, nesses modelos, como desatentos a seu patrimônio. Por um lado, o Estado parecia poder endividar-se indefinidamente. Por outro, as famílias pareciam ignorar que um aumento dos déficits públicos implicava um aumento de descontos obrigatórios a mais ou menos longo prazo. Enfim, esses modelos, por sua construção mesma, davam pouco peso aos comportamentos de oferta das empresas e minimizavam os efeitos de uma política de oferta tal como a criação de uma melhor concorrência entre as firmas de um setor.

Os esforços para introduzir esses complementos conduziram, primeiro, a uma outra geração de modelos, os modelos monetaristas, que inverteram a mensagem de política econômica keynesiana, embora conservando o essencial da metodologia macroeconométrica. Mas essa semirrevolução rapidamente cederia o lugar a uma revolução completa: não apenas a mensagem política keynesiana era invertida, mas também a própria metodologia sobre a qual se construía foi radicalmente rejeitada, substituída por uma outra com alguns de seus princípios situados nos antípodas do keynesianismo.* Modelos então totalmente diferentes se impuseram, prefigurando aqueles sobre os quais trabalham hoje a maioria dos institutos públicos ou privados que fazem previsão econômica: os modelos ditos, em inglês, DSGE (*Dynamic Stochastic General Equilibrium*), modelos de equilíbrio geral estocástico.

Diante dessa macroeconomia agora hegemônica, que se autoproclama "nova economia clássica", a herança keynesiana não desapareceu. Ela continuou a se desenvolver, mas de maneira fragmentada. Por um lado, coexistem múltiplos grupos com suas diferenças, explorando, em geral separadamente, uma ou várias pistas originadas do pensamento do mestre; por outro lado, as práticas dos macroeconomistas se caracterizam pelo pragmatismo e pelo ecletismo: numerosos modelos e especificações coexistem, podendo-se muitas vezes reconhecer "propriedades keynesianas" em modelos que nem sempre as preveem de início.

1. **Friedman e o monetarismo, uma semirrevolução antikeynesiana** – A inversão sistemática das *prescrições* keynesianas foi efetuada por Milton Friedman e economistas que seguiram sua orientação: a escola de Chicago e os "monetaristas", geralmente reunidos nas equipes que constroem modelos para bancos centrais e que publicam nas revistas financiadas por esses bancos. Três etapas marcam esse combate. A primeira foi reescrever a função de consumo, colocando em primeiro plano um bem patrimonial. Friedman neutraliza os bens de curto prazo do

---

* As justificações e as modalidades dessa mudança foram o objeto de uma síntese esclarecedora: M. de Vroey, *Keynes, Lucas. D'une macro-économie l'autre*, Paris: Dalloz, 2009.

rendimento, inventando o conceito de "rendimento permanente", que corresponde à média daquilo que os consumidores esperam receber num horizonte de longo prazo. Assim toda variação nesse rendimento será julgada como transitória e sem significação, sendo neutralizada, seja ela uma variação positiva que faça aumentar a poupança, seja um déficit que transformará a poupança em consumo. Esses comportamentos, se se verificam*, minam assim a base lógica do multiplicador, fundado, como vimos, numa função de consumo que o vincula ao rendimento corrente. A segunda etapa consistiu em estudar a crise de 1929 e mostrar que seu agravamento nos Estados Unidos foi devido não a uma contração da demanda, mas a erros de política monetária, as autoridades americanas tendo deixado a massa monetária se contrair em um terço no início dos anos 1930.**

Enfim, a última etapa foi atacar a curva de Phillips. Os anos 1960 haviam mostrado, de início, a pertinência dessa representação. Mas, aos poucos, a persistência da inflação sugeriu que a arbitragem desemprego/inflação se degradava: tornava-se cada vez mais custoso em inflação reduzir o desemprego, a curva de Phillips deslocando-se para cima. Essa evolução desfavorável se traduziu no aparecimento das políticas de *stop and go*, que alternavam retomadas e pausas para tentar frear a inflação. A ideia de "estagflação" logo se fez presente, nomeando o que parecia impensável: uma situação caracterizada ao mesmo tempo por uma progressão contida do

---

* A maior parte dos manuais de macroeconomia indica, porém, que as verificações empíricas raramente validaram essa ligação.

** Sobre essa explicação da crise, ver: B. Gazier. *A crise de 1929*. Tradução de Julia da Rosa Simões. Porto Alegre: L&PM Editores, 2009. Coleção L&PM POCKET Encyclopaedia.

PIB e pela persistência da inflação. Com um raro talento pedagógico, Friedman propôs em 1968 uma interpretação sedutora dessa situação, ao afirmar que a curva de Phillips era não uma curva descendente, mas uma reta vertical. Ele começa por reinterpretar o ponto da curva que indica uma inflação zero, o desemprego que os especialistas chamam NAIRU, isto é, *Non Accelerating Inflation Rate of Unemployment*: taxa de desemprego que não acelera a inflação. Friedman a nomeia de "taxa de desemprego natural", no sentido de que resultaria das fricções que afetam o mercado de trabalho no seu estado normal, fricções provenientes do tempo necessário em buscar e encontrar um novo emprego ou um novo assalariado. Há, portanto, um desemprego inevitável em toda economia desenvolvida e descentralizada. As políticas keynesianas de retomada são vistas então como esforços injustificados para reduzir essa taxa de desemprego "natural". Ao injetar rendimentos na economia, elas fazem subir os preços. Num primeiro momento, somente as empresas percebem essa evolução e, como os salários não se alteram, põem-se a contratar mais. O que corresponde muito precisamente à relação de Phillips: há ao mesmo tempo inflação e redução do desemprego. Mas rapidamente os assalariados percebem que seu poder de compra baixou e assim vão exigir, e obter, aumentos salariais para compensar o aumento de preços. Com isso as empresas vão dispensar os trabalhadores suplementares e retornar à situação inicial. O roteiro é então retomado: o Estado, tendo constatado seu sucesso inicial e depois sua neutralização, sente-se forçado a recomeçar, e assim sucessivamente, a única resultante sendo, no final das contas, uma inflação crescente e um desemprego que não se consegue reduzir de forma duradoura. Ou seja: uma curva de Phillips vertical.

Essas diferentes contribuições, é claro, foram contestadas pelos economistas que permaneceram fiéis ao IS/LM, cada mecanismo sendo o objeto de validação ou de invalidação econométrica, e os pesquisadores se dividindo, em particular, quanto à amplitude e ao *timing* dos efeitos capazes de neutralizar as políticas de estímulo da demanda. Mas a atmosfera havia mudado ao longo dos anos 1960-1970. Diante dos seus limites e das dificuldades que levantam, parecia prudente se abster das intervenções de inspiração keynesiana e deixar o mercado funcionar de forma conveniente, isto é, regularmente alimentado em liquidez. Tal é o núcleo central do monetarismo: a restauração de uma perspectiva plenamente liberal, primeiro mostrando que os efeitos de um estímulo da demanda são ilusórios e inflacionários, a seguir mostrando que os efeitos de uma política monetária, mais importantes que os de uma política orçamentária, devem levar à adoção de regras automáticas. Essa perspectiva coincide com a influência cada vez maior das autoridades e das instituições monetárias a partir de 1970: diante do problema da inflação e do desencanto crescente em relação ao *fine tuning*, os recursos e a capacidade dos modelizadores se concentraram nos modelos que privilegiam os efeitos da moeda e das finanças, especialmente os canais de transmissão bancária. Esses modelos também coincidiram com a chegada, depois de 1970, de várias mudanças importantes na economia mundial: choques petrolíferos de 1973-1974 e 1979, taxas de câmbio flutuante, inflexões do crescimento, desregulamentação e expansão dos mercados financeiros internacionais...

2. **Lucas e os "novos clássicos": Keynes abandonado** – Apesar da virulência das polêmicas que marcaram o advento do monetarismo, elas acabaram se mostrando

afinal moderadas em comparação com as que vieram depois. De fato, a partir dos anos 1970-1980, na esteira dos economistas americanos Robert Lucas, Robert Barro, Thomas Sargent e Neil Wallace, depois Finn Kydland e Edward Prescott, tendo Lucas como inspirador principal e porta-bandeira, uma nova geração de modelos veio suplantar os modelos macroeconométricos, sejam eles keynesianos ou monetaristas. Expressa principalmente em curtos artigos técnicos, a mudança é antes de tudo metodológica. Ela se apoia em progressos da matemática que tornam possível a resolução de sistemas de equações dinâmicas. A parametrização por estimativa econométrica cede lugar à calibragem e à resolução dos modelos por simulação.

O procedimento de Lucas parte de duas considerações simples. A primeira é que todo agente econômico é dotado de capacidades de antecipações calculadoras. Não se trata apenas de antecipações adaptativas como em Friedman, mas sim de uma capacidade de fazer previsões racionais levando em conta o conjunto das informações disponíveis. A ideia de "antecipações racionais" já havia sido formulada em 1961 por John Muth, mas é a partir de 1972 que Lucas, inicialmente keynesiano, começa a explorar seu potencial destruidor em relação ao keynesianismo.* Ele mostra que, num mundo hipotético submetido a choques aleatórios (mundo que evolui segundo um modo estocástico), do qual não se pode observar integralmente os determinantes e as manifestações, os atores farão substituições intertemporais se as condições nas quais eles agem se transformam de maneira inesperada, neutralizando assim os efeitos de uma política econômica discricionária.

---

* R. Lucas, "Expectations and the neutrality of money", *Journal of Economic Theory*, 4, 1972, p. 103-124.

Pode-se perceber a lógica desses comportamentos, qualificados desde então de barro-ricardianos em homenagem a R. Barro, que retomou, em 1974, uma intuição presente em Ricardo*: este último postula unidades familiares que podem fazer empréstimos quando necessários (que não têm exigência de liquidez) e podem decidir seu nível de consumo efetuando uma otimização intertemporal sobre o conjunto de sua vida (e de seus descendentes) e considerando as pressões das finanças públicas. Assim, ao consumirem em função do seu rendimento futuro antecipado, esses agentes neutralizam a política orçamentária, pois sabem que eles (ou seus filhos) precisarão reembolsar mais tarde. Eles não aumentarão seu consumo, mas pouparão ainda mais.

A segunda orientação consiste simplesmente em restaurar o primado do equilíbrio geral como quadro de análise necessário das interações entre agentes racionais. Estes, tomando decisões otimizadas em função das pressões que sofrem, exploram da melhor maneira possível as oportunidades de troca em cada mercado. A ideia de equilíbrio, sejam quais forem as dúvidas que se possa ter sobre sua realização concreta e os caminhos que conduzem a ela, impõe-se aqui como uma necessidade lógica. O equilíbrio simultâneo de todos os mercados – o equilíbrio geral – é a única linguagem possível. Reencontramos então um quadro walrasiano, mas numa versão dinâmica e estocástica, com choques aleatórios, antecipações e possibilidades de substituições intertemporais.

Dessas opções extremamente abstratas resulta uma série de implicações devastadoras em relação a Keynes e a seus epígonos macroeconométricos. A primeira consequência, provocadora, é que a ideia de desemprego

---

* R. Barro, "Are government bonds net wealth?", *Journal of Political Economy*, 82, 6, 1974, p. 1.095-1.117.

involuntário carece de sentido! De fato, das duas uma: ou o mercado de trabalho está em equilíbrio e funciona, o que significa que todas as possibilidades de troca às quais os participantes podem consentir foram realizadas, ou então fenômenos de concorrência imperfeita se manifestam, o desemprego sendo gerado pelos agentes responsáveis por essa concorrência imperfeita e, nesse caso, é ela que deve ser suprimida. A outra consequência é que os efeitos das políticas econômicas discricionárias não podem ser previstos por modelos macroeconométricos, quaisquer que sejam: como os agentes reagem, os coeficientes dos modelos não são independentes das políticas que eles supostamente examinam! É a célebre "crítica de Lucas" (1976). Além disso, a divisão das tarefas entre estudo da conjuntura e teoria dos ciclos, que Keynes impôs para criar a macroeconomia como disciplina separada, não se sustenta mais. De fato, o estudo dos modelos intertemporais mostra de que maneira os agentes se adaptam instantaneamente, mas também ao longo do tempo, aos choques aleatórios que a economia sofre sucessivamente, o que permite reconstituir sua trajetória cíclica. No plano puramente teórico, o corte entre micro e macroeconomia não tem mais razão de ser. Enfim, o esforço de Keynes para isolar sequências causais perde agora seu objeto. A lógica das interdependências walrassianas estocásticas é simultânea: de certo modo, tudo é causa de tudo.

Neste livro não há lugar para mostrar como as ideias de Lucas, puramente teóricas e qualitativas, rapidamente se traduziram por modelos quantitativos ditos de "ciclos reais", sob o impulso de Kydland e Prescott.* Eles abriram o caminho aos modelos, hoje dominantes, de equilíbrio geral calculável, baseados na hipótese de agentes

---

* F. Kydland, E. Prescott, "Time to build and aggregate fluctuations", *Econometrica*, 50, 1982, p. 1.345-1.370.

representativos que maximizam sob pressão sua utilidade intertemporal. Uma das consequências da expansão desses modelos, em matéria de política econômica, é a desqualificação das políticas orçamentárias de estabilização.

Chegamos assim nos antípodas do que Keynes havia buscado: construir um Estado clarividente e ativo que ajudasse os atores privados, geralmente submetidos à tirania do curto prazo e dos efeitos de grupo. Temos agora um Estado demagogo, míope e perturbador, e agentes privados clarividentes que compreendem de imediato as consequências das políticas públicas e as tornam sem efeito.

3. **Diversidade das pesquisas teóricas keynesianas** – Essa mutação dos fundamentos e das práticas da modelização não se fez sem resistência, sobretudo por parte dos "keynesianos da síntese neoclássica" que imediatamente denunciaram a distância às vezes abissal entre os fatos e o espartilho lógico do equilíbrio geral estocástico, a despeito dos esforços de realismo das calibragens e da variedade de especificações dos modelos. Eles também denunciaram a ficção do agente representativo otimizador, que supostamente encarnaria o conjunto dos atores de uma categoria dada. Três estratégias "novas keynesianas" apareceram para fazer frente ao programa de pesquisa da nova economia clássica que se impõe desde os anos 1980. Uma consiste em conservar a lógica macroeconométrica e em introduzir cada vez mais antecipações. O ponto vulnerável às críticas seria, aqui, a ausência de fundamentos microeconômicos coerentes. A segunda consiste em adotar o quadro walrasiano, mas considerando a hipótese de preços que só se ajustam de período em período. É preciso então completar a teoria do curto prazo (infraperiódica) por uma consideração dos ajustamentos de preços de período em período, o que

leva de volta ao problema precedente. Enfim, a última consiste em introduzir cada vez mais concorrência imperfeita e defasagens nos modelos MEGIS (Modelos de Equilíbrio Geral Intertemporal Estocástico), reencontrando assim efeitos keynesianos num esquema que lhes é inicialmente alheio.

Não é possível aqui esmiuçar e fazer o balanço desses procedimentos. A segunda estratégia, às vezes chamada economia do desequilíbrio, foi lançada no final dos anos 1960 pelo americano Richard Clower e pelo sueco Axel Leijonhufvud. Ela foi explorada intensamente na França durante os anos 1970-1980 (Jean-Pascal Benassy, Edmond Malinvaud) e hoje está abandonada. Quanto à primeira e à terceira, elas se baseiam em trabalhos de economistas em plena atividade na virada do século, como Joseph Stiglitz, Paul Krugman ou ainda o atual economista-chefe do FMI, Olivier Blanchard, de origem francesa mas que fez sua carreira no MIT. Nos três casos o keynesianismo se mostra ainda criador, mas na defensiva, tendo perdido uma parte da sua capacidade de integração.

Essa primeira fragmentação da tradição keynesiana originada do IS/LM coexiste com a persistência e o entrecruzamento de várias linhas de pesquisa "pós-keynesianas". Em forte oposição às correntes apresentadas acima, elas continuam a desenvolver a parte radical das elaborações de Keynes. Embora diversificados, minoritários e às vezes mal conhecidos*, três grupos pelo menos podem ser aqui distinguidos.

Há primeiro os continuadores que se mantiveram na linha cambridgeana e que se inspiram frequentemente

---

* M. Lavoie, em *L'économie post-keynésienne,* Paris: La Découverte, 2004, apresenta um panorama sintético dessas correntes.

num contemporâneo de Keynes, o polonês Michal Kalecki (1899-1970), por sua vez oriundo do marxismo. A focalização principal é então a construção de modelos macroeconômicos (tanto de curto quanto de longo prazo) isentos das concessões feitas por Keynes quando aceitava, por exemplo, a "lei" do decréscimo da produtividade marginal do trabalho. Pode-se associar a essa linha de pesquisa keynesiano-kaleckiana os nomes de Nicholas Kaldor (em seus trabalhos dos anos 1970-1980) e, mais recentemente, do canadense Marc Lavoie.

A seguir, há os autores que partem da moeda e exploram o programa que Keynes esboçou sob o nome de "teoria monetária da produção". Desde os anos 1970 e 1980, eles se agruparam sob o nome de "escola do circuito", porque se interessam pelos circuitos de pagamento e de financiamento, pelas suas condições de equilíbrio e pelas crises que resultam da falta de equilíbrio. Entre eles figuram os franceses Bernard Schmitt e Frédéric Poulon.

Há, enfim, uma série de autores mais isolados, que prosseguem o estudo de tal ou tal aspecto. Um autor se destaca, o americano Hyman Minsky. Numa série de contribuições, as primeiras datadas de 1975, ele apresenta uma teoria financeira do investimento que acaba por evidenciar a fragilidade intrínseca do capitalismo financeiro. Seu ponto de partida é a constatação de que o valor de um ativo imobilizado sob forma de capital depende de duas séries de considerações: de um lado, dos ganhos que se podem prever, o *cash flow* esperado; de outro, de sua liquidez, da maior ou menor facilidade com que se pode revendê-lo. Quanto mais abundante é a moeda, mais o valor do ativo em capital se eleva, pois, sendo satisfeita a preferência pela liquidez, o poder de compra dos investidores se volta para outros ativos. Essa dupla determinação acabará sendo importante no estudo dos modos de financiamento a que têm acesso as empresas, que podem escolher entre o financiamento interno (o autofinanciamento) e o financiamento externo (por empréstimos junto a bancos ou a financiadores no mercado). Este último se revelará portador de perturbações, através dos efeitos de alavanca que possibilita. O confronto do risco suportado pelos tomadores de empréstimos e do risco dos credores pode então ocorrer em níveis muito diferentes segundo o grau de confiança e de otimismo que prevalece na economia. Disso resulta uma teoria da instabilidade do capitalismo, as empresas e os bancos adotando comportamentos cada vez mais imprudentes. As análises de Minsky encontraram uma aplicação espetacular com a crise das *subprimes* desencadeada em 2007.

4. **Persistência e pertinência de um keynesianismo pragmático** – À leitura do que precede, pode-se ter a impressão de uma história repleta de som e fúria. Talvez o gosto de Keynes pela provocação não seja estranho a isso: a contrarrevolução antikeynesiana funciona como um gigantesco retorno de manivela. Mas a distância é grande entre esses avatares da pesquisa fundamental e as práticas dos macroeconomistas. Estes há muito conjugam pragmatismo e ecletismo. O leque dos modelos a que eles podem ter acesso é agora muito amplo. Inclui modelos puramente empíricos que evitam especificar a natureza e a intensidade das ligações entre suas variáveis, como os modelos VAR (de "vetoriais autorregressivas"). Daí uma confusão de fronteiras e uma continuidade, muito maior do que parece, entre as preocupações e os resultados de

duas épocas que se distinguem tão marcadamente do ponto de vista teórico.

Essa continuidade é visível tanto na leitura dos manuais que introduzem à macroeconomia contemporânea quanto nos trabalhos de macroeconomia aplicada. Nos manuais, que evidentemente não se envolvem em disputas doutrinais, o essencial da estrutura lógica é fornecido por um modelo chamado "Demanda global – Oferta global", herdeiro direto do IS/LM, que faz aparecer ligações keynesianas típicas como casos particulares, por exemplo quando os preços são fixados e quando nos situamos na porção horizontal da oferta de moeda: o que já era patente na representação IS/LM. Trata-se assim de um "modelo de síntese". Quando entram em detalhes, esses modelos reconhecem as grandes funções estabelecidas por Keynes e examinam seus determinantes.

Os trabalhos de macroeconomia aplicada se baseiam tipicamente na introdução de hipóteses particulares e de especificações para tornar o modelo, seja ele qual for, mais "realista", e para responder a algumas preocupações dos responsáveis pelas políticas públicas. Assim a maior parte dos modelos compreende uma "curva de Phillips" pela qual os salários e os preços estão em dependência recíproca. Essa ligação é caracterizada por termos relacionados a vários períodos: efeitos de retardamento diversos, antecipações... Desse modo é possível introduzir num modelo DSGE exigências de liquidez que impedem algumas famílias de se comportar como famílias "barro-ricardianas". Para uma ampla gama de hipóteses de concorrência imperfeita julgadas realistas, esses modelos são então capazes de mostrar "propriedades keynesianas".

Dois exemplos de aplicações merecem ser mencionados aqui. Os modelos resultam com frequência na estimativa do valor de multiplicadores orçamentários ou monetários, ou, mais precisamente, dos valores sucessivos que eles podem adquirir ao longo do tempo. Sabe-se há muito que, a despeito das primeiras esperanças de Keynes, o valor desses multiplicadores é geralmente fraco. Os modelos atuais confirmam isso e mostram, na maioria das vezes, valores pequenos e decrescentes. Mas não concluem por sua não pertinência. Outro exemplo é que numerosos exercícios de simulação macroeconômica se interessam pelas exigências resultantes da coexistência de várias economias abertas às trocas internacionais e aos movimentos de capitais. Essa situação enfraquece, evidentemente, os grandes resultados apresentados por Keynes, entre outros motivos porque a presença de importações constitui uma fuga para o multiplicador orçamentário clássico. Há casos, inclusive, em que a ineficácia da política orçamentária é total. Pode-se então mostrar a utilidade de uma moeda comum como o euro, que volta a dar margens de manobra à política orçamentária e, portanto, a políticas de inspiração keynesiana.*

Essa continuidade manifesta nos leva a perguntar se Keynes não foi, em parte, vítima do seu sucesso. Comparada ao período entreguerras, a conjuntura mundial mostrou-se indiscutivelmente mais estável na segunda metade do século XX, e Keynes sem dúvida contribuiu para isso, ao mesmo tempo em que se tornavam menos frequentes os casos que ele estudava e menos urgentes as decisões

---

* Mas essas margens de manobra oriundas do euro ainda permanecem inexploradas, já que o quadro institucional europeu (Tratado de Maastricht, 1992) promove políticas em grande parte antikeynesianas.

que propunha. As políticas de estímulo permanente à economia e de déficits crescentes, praticadas sob sua égide, conduziram à "estagflação", mas essas políticas não eram dele. Keynes deixou uma caixa de ferramentas cada vez mais rica e sempre disponível, e observa-se um lento processo de aprendizagem, pelos Estados modernos, de uma gestão mais prudente e mais diversificada da demanda global – sucesso que teria correspondido, em parte, a seus desejos.

5. **No limiar do século XXI, um retorno a Keynes** – Esse panorama oferece algumas indicações sobre os sentidos múltiplos dos "retornos a Keynes" constatados desde o desencadeamento, em 2008, de uma nova grande crise mundial, crise que deu uma atualidade brutal a alguns dos conceitos que ele forjou: a demanda efetiva, cuja queda se pode acompanhar no mundo todo no final de 2008 e início de 2009; a armadilha da liquidez, que faz com que economias maciçamente alimentadas em liquidez consigam evitar a derrocada, mas nem por isso retomem suas atividades; e o desemprego involuntário. A brusca alta constatada em alguns países como a Espanha, entre 2008 e 2009, dificilmente se pode explicar pelo aumento de comportamentos de concorrência imperfeita ou por uma modificação das preferências dos agentes.

Disso resultou, de forma dispersa mas em geral em grande escala, um retorno imediato das políticas de estímulo conjuntural. A caixa de ferramentas está disponível. Será Keynes esquecido de novo quando a economia mundial se recuperar, em grande parte graças às suas contribuições? Sua atualidade imediata e ardente seria então superficial. Mas três séries de retornos a mais longo prazo parecem se esboçar.

Primeiro, a evidente devastação das finanças de curto prazo leva muitos comentadores e analistas a reencontrarem argumentos keynesianos. Há agora uma fonte de inquietação e de mobilização mais duradoura que cruza com a atualidade persistente das denúncias e das propostas feitas pelo Keynes negociador e organizador internacional. Quer se trate de tratados de paz ou da estrutura do sistema monetário e financeiro internacional, Keynes insurgiu-se com bravura, na falta de sucesso, contra a lei do mais forte que busca impor sua vantagem a curto prazo. Ele tentou fazer prevalecer acordos mais equilibrados. Rejeitadas em Bretton Woods, as propostas do plano Keynes permanecem disponíveis.

Em segundo lugar, os programas de pesquisa agressivamente antikeynesianos, na tradição de Lucas, perderam uma parte do seu atrativo. É provável que os financiadores dos modelos macroeconômicos, em busca de uma melhor compreensão da instabilidade do capitalismo, se voltem para perspectivas diferentes. As equipes de modelizadores, em concorrência umas com as outras, na certa irão explorá-las, incorporando provavelmente uma boa dose de mecanismos "keynesianos" nos diversos sentidos acima indicados.

Enfim, um último retorno se esboça no campo da pesquisa fundamental. Keynes deixou abertas, como vimos, duas interpretações possíveis da *Teoria geral*. Embora se possa ver nessa dualidade um sinal de pragmatismo e de busca de uma persuasão a mais ampla possível, pode-se também perguntar se ela não resulta da posição metodológica que ele adotou, mistura indissociável de apego à tradição marshalliana e de revolta contra essa tradição. Keynes procurou levá-la além de seus limites, mas conservando-a. Evitou o questionamento frontal da microeconomia, com exceção de suas intuições relativas, por exemplo, aos "espíritos animais". Um livro recentemente publicado, assinado por dois economistas americanos*, mostra que é preciso levar a sério esses "espíritos animais" que estariam na base de um programa radical de renovação da microeconomia, a fim de melhor compreender a instabilidade macroeconômica. Keynes mais além de Keynes?

---

* G. Akerlof, R. Schiller, *Animal Spirits*, Princeton: Princeton University Press, 2009.

Conclusão

Entre o final dos anos 1930 e o final dos anos 1940, Keynes provocou no pensamento econômico um verdadeiro terremoto que levou à criação de um novo continente, o da macroeconomia moderna. De maneira ao mesmo tempo intuitiva e muito argumentada, opondo-se frontalmente a esquemas que se conciliavam cada vez menos com a realidade, ele mostrou que o capitalismo não se reequilibra espontaneamente e que o pleno emprego, longe de ser um caso normal, pode resultar de um acaso feliz. O subemprego pode ser uma situação na qual os atores da economia se veem bloqueados. Dissolvendo o fatalismo implícito às preconizações deflacionistas da "teoria clássica", ele justificou, orientou e racionalizou uma série de intervenções públicas destinadas a controlar a conjuntura pela gestão da demanda global.

Essa contribuição pode parecer limitada e datada. Em primeiro lugar, Keynes não falou, ou falou pouco, do outro lado da economia, a oferta. Seu discurso negligencia as estruturas industriais, a rentabilidade das empresas ou a inovação, que seguem tendências de médio ou mesmo de longo prazo e, no entanto, determinam o crescimento da economia. Além disso, famoso por sua capacidade de adaptação instantânea às mudanças de situação, lidando muitas vezes com duas questões ao mesmo tempo e acusado de volubilidade, Keynes seguidamente se enganou, tanto na gestão do seu dinheiro quanto nas suas previsões. Às vezes permaneceu prisioneiro de sua época e previu, por exemplo, dentro da perspectiva tipicamente "estagnacionista" muito difundida nos anos 1930, a "eutanásia dos rentistas": julgando que as ocasiões de valorizar o capital tenderiam a diminuir, ele considerava a muito longo prazo uma situação de crescimento reduzido em que a economia perderia sua importância, e os detentores de capitais, seu poder. O mínimo que se pode dizer é que, nesse ponto, o futuro não lhe deu razão. O crescimento se acelerou, e a "revanche dos credores" é um fato marcante dos últimos vinte anos do século XX, com o retorno de um capitalismo financeirizado que ele denunciou no entreguerras.

Mas essas evoluções acabaram dando uma atualidade renovada a suas opções, como vimos a propósito da crise iniciada em 2008. Para os poderes públicos, é mais rápido e plenamente justificado agir a curto prazo sobre a demanda, que é mais volátil. As políticas de oferta só podem se desenvolver protegidas por essa regularização da demanda. E a instabilidade do capitalismo financeiro continua sendo, mais do que nunca, um traço central do nosso mundo.

Assim, a figura de economista desenhada por Keynes vai além dos limites do seu tempo para interpelar o nosso. Comparado aos economistas de hoje, profissionais do número e do modelo, que se exprimem por curtos artigos de forte conteúdo técnico, Keynes aparece como um dos últimos economistas "à antiga". Desconfiando da matemática, embora a dominasse muito bem, preocupado com fundamentos filosóficos e morais, interessado por todas as formas de arte, escrevendo tanto livros volumosos quanto panfletos, e sempre com um pé fora da Universidade sem deixar de ser um de seus representantes mais ilustres, ele foi um trabalhador pertinaz e minucioso que compartilhou, com colegas e amigos, as incertezas e as etapas de uma aventura intelectual e política fora do comum. Seu êxito mostra a fecundidade das posições de franco-atirador quando colocadas a serviço da obstinação, da independência de espírito e de uma excepcional capacidade de intuição. Mostra também os limites de um saber econômico puramente instrumental e que ignore o jogo das forças políticas, sociais e culturais que estão no seu fundamento. Essa lição volta a ter uma atualidade evidente no início do século XXI.

BIBLIOGRAFIA SUGERIDA

OBRAS DE KEYNES EM INGLÊS

The Collected Writings of John Maynard Keynes. Londres, Nova York: Macmillan, 1971-1989, 30 vol.

OBRAS DE KEYNES EM FRANCÊS

KEYNES, John Maynard (1919). *Les conséquences économiques de la paix*. Paris: Gallimard (com Jacques Bainville, *Les conséquences politiques de la paix*), 2002.
_____. (1931). *Essai sur la monnaie et l'économie* (trad. de *Essays in Persuasion*). Paris: Payot, 1971.
_____. (1936). *Théorie générale de l'emploi, de l'intérêt et de la monnaie*. Paris: Payot, 1975.
_____. *La pauvreté dans l'abondance*. Paris: Gallimard, 2001 (coletânea de artigos).

SOBRE A VIDA E A OBRA DE KEYNES

BACKHOUSE, Roger; BATEMAN, Bradley (dir.). *The Cambridge Companion to Keynes*. Cambridge: Cambridge University Press, 2006.
COMBEMALE, Pascal. *Introduction à Keynes*. Paris: La Découverte, 1999.
DOSTALE, Gilles. *Keynes et ses combats*. 2ª ed., Paris: Albin Michel, 2009.
HARROD, Roy. *The Life of John Maynard Keynes*. Londres, Nova York: Macmillan, 1951.

MOGGRIDE, Donald. *Maynard Keynes. An Economist's Biography*. Londres: Routledge, 1992.

SKIDELSKY, Robert (1983, 1992). *John Maynard Keynes*. Londres, Nova York: Macmillan, vol. 1, 1983, vol. 2, 1992, e vol. 3, 2000.

SOBRE A HERANÇA DE KEYNES

ÉPAULARD, Anne. *Les modèles appliqués de la macro-économie*. Paris: Dunod, 1997.

LAVOIE, Marc. *L'économie postkeynésienne*. Paris: La Découverte, 2004.

VROEY, Michel de. *Keynes, Lucas. D'une macro-économie l'autre*. Paris: Dalloz, 2009.

Coleção L&PM POCKET (Lançamentos mais recentes)

579. **O príncipe e o mendigo** – Mark Twain
580. **Garfield, um charme de gato (7)** – Jim Davis
581. **Ilusões perdidas** – Balzac
582. **Esplendores e misérias das cortesãs** – Balzac
583. **Walter Ego** – Angeli
584. **Striptiras (1)** – Laerte
585. **Fagundes: um puxa-saco de mão cheia** – Laerte
586. **Depois do último trem** – Josué Guimarães
587. **Ricardo III** – Shakespeare
588. **Dona Anja** – Josué Guimarães
589. **24 horas na vida de uma mulher** – Stefan Zweig
591. **Mulher no escuro** – Dashiell Hammett
592. **No que acredito** – Bertrand Russell
593. **Odisseia (1): Telemaquia** – Homero
594. **O cavalo cego** – Josué Guimarães
595. **Henrique V** – Shakespeare
596. **Fabulário geral do delírio cotidiano** – Bukowski
597. **Tiros na noite 1: A mulher do bandido** – Dashiell Hammett
598. **Snoopy em Feliz Dia dos Namorados! (2)** – Schulz
600. **Crime e castigo** – Dostoiévski
601. **Mistério no Caribe** – Agatha Christie
602. **Odisseia (2): Regresso** – Homero
603. **Piadas para sempre (2)** – Visconde da Casa Verde
604. **À sombra do vulcão** – Malcolm Lowry
605(8). **Kerouac** – Yves Buin
606. **E agora são cinzas** – Angeli
607. **As mil e uma noites** – Paulo Caruso
608. **Um assassino entre nós** – Ruth Rendell
609. **Crack-up** – F. Scott Fitzgerald
610. **Do amor** – Stendhal
611. **Cartas do Yage** – William Burroughs e Allen Ginsberg
612. **Striptiras (2)** – Laerte
613. **Henry & June** – Anaïs Nin
614. **A piscina mortal** – Ross Macdonald
615. **Geraldão (2)** – Glauco
616. **Tempo de delicadeza** – A. R. de Sant'Anna
617. **Tiros na noite 2: Medo de tiro** – Dashiell Hammett
618. **Snoopy em Assim é a vida, Charlie Brown! (3)** – Schulz
619. **1954 – Um tiro no coração** – Hélio Silva
620. **Sobre a inspiração poética (Íon)** e ... – Platão
621. **Garfield e seus amigos (8)** – Jim Davis
622. **Odisseia (3): Ítaca** – Homero
623. **A louca matança** – Chester Himes
624. **Factótum** – Bukowski
625. **Guerra e Paz: volume 1** – Tolstói
626. **Guerra e Paz: volume 2** – Tolstói
627. **Guerra e Paz: volume 3** – Tolstói
628. **Guerra e Paz: volume 4** – Tolstói
629(9). **Shakespeare** – Claude Mourthé
630. **Bem está o que bem acaba** – Shakespeare
631. **O contrato social** – Rousseau
632. **Geração Beat** – Jack Kerouac
633. **Snoopy: É Natal! (4)** – Charles Schulz
634. **Testemunha da acusação** – Agatha Christie
635. **Um elefante no caos** – Millôr Fernandes
636. **Guia de leitura (100 autores que você precisa ler)** – Organização de Léa Masina
637. **Pistoleiros também mandam flores** – David Coimbra
638. **O prazer das palavras – vol. 1** – Cláudio Moreno
639. **O prazer das palavras – vol. 2** – Cláudio Moreno
640. **Novíssimo testamento: com Deus e o diabo, a dupla da criação** – Iotti
641. **Literatura Brasileira: modos de usar** – Luís Augusto Fischer
642. **Dicionário de Porto-Alegrês** – Luís A. Fischer
643. **Clô Dias & Noites** – Sérgio Jockymann
644. **Memorial de Isla Negra** – Pablo Neruda
645. **Um homem extraordinário e outras histórias** – Tchékhov
646. **Ana sem terra** – Alcy Cheuiche
647. **Adultérios** – Woody Allen
651. **Snoopy: Posso fazer uma pergunta, professora? (5)** – Charles Schulz
652(10). **Luís XVI** – Bernard Vincent
653. **O mercador de Veneza** – Shakespeare
654. **Cancioneiro** – Fernando Pessoa
655. **Non-Stop** – Martha Medeiros
656. **Carpinteiros, levantem bem alto a cumeeira & Seymour, uma apresentação** – J.D.Salinger
657. **Ensaios céticos** – Bertrand Russell
658. **O melhor de Hagar 5** – Dik e Chris Browne
659. **Primeiro amor** – Ivan Turguêniev
660. **A trégua** – Mario Benedetti
661. **Um parque de diversões da cabeça** – Lawrence Ferlinghetti
662. **Aprendendo a viver** – Sêneca
663. **Garfield, um gato em apuros (9)** – Jim Davis
664. **Dilbert (1)** – Scott Adams
666. **A imaginação** – Jean-Paul Sartre
667. **O ladrão e os cães** – Naguib Mahfuz
669. **A volta do parafuso** *seguido de* **Daisy Miller** – Henry James
670. **Notas do subsolo** – Dostoiévski
671. **Abobrinhas da Brasilônia** – Glauco
672. **Geraldão (3)** – Glauco
673. **Piadas para sempre (3)** – Visconde da Casa Verde
674. **Duas viagens ao Brasil** – Hans Staden
676. **A arte da guerra** – Maquiavel
677. **Além do bem e do mal** – Nietzsche
678. **O coronel Chabert** *seguido de* **A mulher abandonada** – Balzac
679. **O sorriso de marfim** – Ross Macdonald

680. **100 receitas de pescados** – Sílvio Lancellotti
681. **O juiz e seu carrasco** – Friedrich Dürrenmatt
682. **Noites brancas** – Dostoiévski
683. **Quadras ao gosto popular** – Fernando Pessoa
685. **Kaos** – Millôr Fernandes
686. **A pele de onagro** – Balzac
687. **As ligações perigosas** – Choderlos de Laclos
689. **Os Lusíadas** – Luís Vaz de Camões
690(11).**Átila** – Éric Deschodt
691. **Um jeito tranquilo de matar** – Chester Himes
692. **A felicidade conjugal** *seguido de* **O diabo** – Tolstói
693. **Viagem de um naturalista ao redor do mundo** – vol. 1 – Charles Darwin
694. **Viagem de um naturalista ao redor do mundo** – vol. 2 – Charles Darwin
695. **Memórias da casa dos mortos** – Dostoiévski
696. **A Celestina** – Fernando de Rojas
697. **Snoopy: Como você é azarado, Charlie Brown! (6)** – Charles Schulz
698. **Dez (quase) amores** – Claudia Tajes
699. **Poirot sempre espera** – Agatha Christie
701. **Apologia de Sócrates** *precedido de* **Êutifron e** *seguido de* **Críton** – Platão
702. **Wood & Stock** – Angeli
703. **Striptiras (3)** – Laerte
704. **Discurso sobre a origem e os fundamentos da desigualdade entre os homens** – Rousseau
705. **Os duelistas** – Joseph Conrad
706. **Dilbert (2)** – Scott Adams
707. **Viver e escrever** (vol. 1) – Edla van Steen
708. **Viver e escrever** (vol. 2) – Edla van Steen
709. **Viver e escrever** (vol. 3) – Edla van Steen
710. **A teia da aranha** – Agatha Christie
711. **O banquete** – Platão
712. **Os belos e malditos** – F. Scott Fitzgerald
713. **Libelo contra a arte moderna** – Salvador Dalí
714. **Akropolis** – Valerio Massimo Manfredi
715. **Devoradores de mortos** – Michael Crichton
716. **Sob o sol da Toscana** – Frances Mayes
717. **Batom na cueca** – Nani
718. **Vida dura** – Claudia Tajes
719. **Carne trêmula** – Ruth Rendell
720. **Cris, a fera** – David Coimbra
721. **O anticristo** – Nietzsche
722. **Como um romance** – Daniel Pennac
723. **Emboscada no Forte Bragg** – Tom Wolfe
724. **Assédio sexual** – Michael Crichton
725. **O espírito do Zen** – Alan W.Watts
726. **Um bonde chamado desejo** – Tennessee Williams
727. **Como gostais** *seguido de* **Conto de inverno** – Shakespeare
728. **Tratado sobre a tolerância** – Voltaire
729. **Snoopy: Doces ou travessuras? (7)** – Charles Schulz
730. **Cardápios do Anonymous Gourmet** – J.A. Pinheiro Machado
731. **100 receitas com lata** – J.A. Pinheiro Machado
732. **Conhece o Mário?** vol.2 – Santiago
733. **Dilbert (3)** – Scott Adams
734. **História de um louco amor** *seguido de* **Passado amor** – Horacio Quiroga
735(11).**Sexo: muito prazer** – Laura Meyer da Silva
736(12).**Para entender o adolescente** – Dr. Ronald Pagnoncelli
737(13).**Desembarcando a tristeza** – Dr. Fernando Lucchese
738. **Poirot e o mistério da arca espanhola & outras histórias** – Agatha Christie
739. **A última legião** – Valerio Massimo Manfredi
741. **Sol nascente** – Michael Crichton
742. **Duzentos ladrões** – Dalton Trevisan
743. **Os devaneios do caminhante solitário** – Rousseau
744. **Garfield, o rei da preguiça (10)** – Jim Davis
745. **Os magnatas** – Charles R. Morris
746. **Pulp** – Charles Bukowski
747. **Enquanto agonizo** – William Faulkner
748. **Aline: viciada em sexo (3)** – Adão Iturrusgarai
749. **A dama do cachorrinho** – Anton Tchékhov
750. **Tito Andrônico** – Shakespeare
751. **Antologia poética** – Anna Akhmátova
752. **O melhor de Hagar 6** – Dik e Chris Browne
753(12).**Michelangelo** – Nadine Sautel
754. **Dilbert (4)** – Scott Adams
755. **O jardim das cerejeiras** *seguido de* **Tio Vânia** – Tchékhov
756. **Geração Beat** – Claudio Willer
757. **Santos Dumont** – Alcy Cheuiche
758. **Budismo** – Claude B. Levenson
759. **Cleópatra** – Christian-Georges Schwentzel
760. **Revolução Francesa** – Frédéric Bluche, Stéphane Rials e Jean Tulard
761. **A crise de 1929** – Bernard Gazier
762. **Sigmund Freud** – Edson Sousa e Paulo Endo
763. **Império Romano** – Patrick Le Roux
764. **Cruzadas** – Cécile Morrisson
765. **O mistério do Trem Azul** – Agatha Christie
768. **Senso comum** – Thomas Paine
769. **O parque dos dinossauros** – Michael Crichton
770. **Trilogia da paixão** – Goethe
773. **Snoopy: No mundo da lua! (8)** – Charles Schulz
774. **Os Quatro Grandes** – Agatha Christie
775. **Um brinde de cianureto** – Agatha Christie
776. **Súplicas atendidas** – Truman Capote
779. **A viúva imortal** – Millôr Fernandes
780. **Cabala** – Roland Goetschel
781. **Capitalismo** – Claude Jessua
782. **Mitologia grega** – Pierre Grimal
783. **Economia: 100 palavras-chave** – Jean-Paul Betbèze
784. **Marxismo** – Henri Lefebvre
785. **Punição para a inocência** – Agatha Christie
786. **A extravagância do morto** – Agatha Christie
787(13).**Cézanne** – Bernard Fauconnier
788. **A identidade Bourne** – Robert Ludlum
789. **Da tranquilidade da alma** – Sêneca
790. **Um artista da fome** *seguido de* **Na colônia penal e outras histórias** – Kafka

791. **Histórias de fantasmas** – Charles Dickens
796. **O Uraguai** – Basílio da Gama
797. **A mão misteriosa** – Agatha Christie
798. **Testemunha ocular do crime** – Agatha Christie
799. **Crepúsculo dos ídolos** – Friedrich Nietzsche
802. **O grande golpe** – Dashiell Hammett
803. **Humor barra pesada** – Nani
804. **Vinho** – Jean-François Gautier
805. **Egito Antigo** – Sophie Desplancques
806(14). **Baudelaire** – Jean-Baptiste Baronian
807. **Caminho da sabedoria, caminho da paz** – Dalai Lama e Felizitas von Schönborn
808. **Senhor e servo e outras histórias** – Tolstói
809. **Os cadernos de Malte Laurids Brigge** – Rilke
810. **Dilbert (5)** – Scott Adams
811. **Big Sur** – Jack Kerouac
812. **Seguindo a correnteza** – Agatha Christie
813. **O álibi** – Sandra Brown
814. **Montanha-russa** – Martha Medeiros
815. **Coisas da vida** – Martha Medeiros
816. **A cantada infalível** *seguido de* **A mulher do centroavante** – David Coimbra
819. **Snoopy: Pausa para a soneca (9)** – Charles Schulz
820. **De pernas pro ar** – Eduardo Galeano
821. **Tragédias gregas** – Pascal Thiercy
822. **Existencialismo** – Jacques Colette
823. **Nietzsche** – Jean Granier
824. **Amar ou depender?** – Walter Riso
825. **Darmapada: A doutrina budista em versos**
826. **J'Accuse...! – a verdade em marcha** – Zola
827. **Os crimes ABC** – Agatha Christie
828. **Um gato entre os pombos** – Agatha Christie
831. **Dicionário de teatro** – Luiz Paulo Vasconcellos
832. **Cartas extraviadas** – Martha Medeiros
833. **A longa viagem de prazer** – J. J. Morosoli
834. **Receitas fáceis** – J. A. Pinheiro Machado
835(14). **Mais fatos & mitos** – Dr. Fernando Lucchese
836(15). **Boa viagem!** – Dr. Fernando Lucchese
837. **Aline: Finalmente nua!!! (4)** – Adão Iturrusgarai
838. **Mônica tem uma novidade!** – Mauricio de Sousa
839. **Cebolinha em apuros!** – Mauricio de Sousa
840. **Sócios no crime** – Agatha Christie
841. **Bocas do tempo** – Eduardo Galeano
842. **Orgulho e preconceito** – Jane Austen
843. **Impressionismo** – Dominique Lobstein
844. **Escrita chinesa** – Viviane Alleton
845. **Paris: uma história** – Yvan Combeau
846(15). **Van Gogh** – David Haziot
848. **Portal do destino** – Agatha Christie
849. **O futuro de uma ilusão** – Freud
850. **O mal-estar na cultura** – Freud
853. **Um crime adormecido** – Agatha Christie
854. **Satori em Paris** – Jack Kerouac
855. **Medo e delírio em Las Vegas** – Hunter Thompson
856. **Um negócio fracassado e outros contos de humor** – Tchékhov
857. **Mônica está de férias!** – Mauricio de Sousa
858. **De quem é esse coelho?** – Mauricio de Sousa
860. **O mistério Sittaford** – Agatha Christie
861. **Manhã transfigurada** – L. A. de Assis Brasil
862. **Alexandre, o Grande** – Pierre Briant
863. **Jesus** – Charles Perrot
864. **Islã** – Paul Balta
865. **Guerra da Secessão** – Farid Ameur
866. **Um rio que vem da Grécia** – Cláudio Moreno
868. **Assassinato na casa do pastor** – Agatha Christie
869. **Manual do líder** – Napoleão Bonaparte
870(16). **Billie Holiday** – Sylvia Fol
871. **Bidu arrasando!** – Mauricio de Sousa
872. **Os Sousa: Desventuras em família** – Mauricio de Sousa
874. **E no final a morte** – Agatha Christie
875. **Guia prático do Português correto – vol. 4** – Cláudio Moreno
876. **Dilbert (6)** – Scott Adams
877(17). **Leonardo da Vinci** – Sophie Chauveau
878. **Bella Toscana** – Frances Mayes
879. **A arte da ficção** – David Lodge
880. **Striptiras (4)** – Laerte
881. **Skrotinhos** – Angeli
882. **Depois do funeral** – Agatha Christie
883. **Radicci 7** – Iotti
884. **Walden** – H. D. Thoreau
885. **Lincoln** – Allen C. Guelzo
886. **Primeira Guerra Mundial** – Michael Howard
887. **A linha de sombra** – Joseph Conrad
888. **O amor é um cão dos diabos** – Bukowski
890. **Despertar: uma vida de Buda** – Jack Kerouac
891(18). **Albert Einstein** – Laurent Seksik
892. **Hell's Angels** – Hunter Thompson
893. **Ausência na primavera** – Agatha Christie
894. **Dilbert (7)** – Scott Adams
895. **Ao sul de lugar nenhum** – Bukowski
896. **Maquiavel** – Quentin Skinner
897. **Sócrates** – C.C.W. Taylor
899. **O Natal de Poirot** – Agatha Christie
900. **As veias abertas da América Latina** – Eduardo Galeano
901. **Snoopy: Sempre alerta! (10)** – Charles Schulz
902. **Chico Bento: Plantando confusão** – Mauricio de Sousa
903. **Penadinho: Quem é morto sempre aparece** – Mauricio de Sousa
904. **A vida sexual da mulher feia** – Claudia Tajes
905. **100 segredos de liquidificador** – José Antonio Pinheiro Machado
906. **Sexo muito prazer 2** – Laura Meyer da Silva
907. **Os nascimentos** – Eduardo Galeano
908. **As caras e as máscaras** – Eduardo Galeano
909. **O século do vento** – Eduardo Galeano
910. **Poirot perde uma cliente** – Agatha Christie
911. **Cérebro** – Michael O'Shea
912. **O escaravelho de ouro e outras histórias** – Edgar Allan Poe
913. **Piadas para sempre (4)** – Visconde da Casa Verde
914. **100 receitas de massas light** – Helena Tonetto

915(19).**Oscar Wilde** – Daniel Salvatore Schiffer
916.**Uma breve história do mundo** – H. G. Wells
917.**A Casa do Penhasco** – Agatha Christie
919.**John M. Keynes** – Bernard Gazier
920(20).**Virginia Woolf** – Alexandra Lemasson
921.**Peter e Wendy** *seguido de* **Peter Pan em Kensington Gardens** – J. M. Barrie
922.**Aline: numas de colegial (5)** – Adão Iturrusgarai
923.**Uma dose mortal** – Agatha Christie
924.**Os trabalhos de Hércules** – Agatha Christie
926.**Kant** – Roger Scruton
927.**A inocência do Padre Brown** – G.K. Chesterton
928.**Casa Velha** – Machado de Assis
929.**Marcas de nascença** – Nancy Huston
930.**Aulete de bolso**
931.**Hora Zero** – Agatha Christie
932.**Morte na Mesopotâmia** – Agatha Christie
934.**Nem te conto, João** – Dalton Trevisan
935.**As aventuras de Huckleberry Finn** – Mark Twain
936(21).**Marilyn Monroe** – Anne Plantagenet
937.**China moderna** – Rana Mitter
938.**Dinossauros** – David Norman
939.**Louca por homem** – Claudia Tajes
940.**Amores de alto risco** – Walter Riso
941.**Jogo de damas** – David Coimbra
942.**Filha é filha** – Agatha Christie
943.**M ou N?** – Agatha Christie
945.**Bidu: diversão em dobro!** – Mauricio de Sousa
946.**Fogo** – Anaïs Nin
947.**Rum: diário de um jornalista bêbado** – Hunter Thompson
948.**Persuasão** – Jane Austen
949.**Lágrimas na chuva** – Sergio Faraco
950.**Mulheres** – Bukowski
951.**Um pressentimento funesto** – Agatha Christie
952.**Cartas na mesa** – Agatha Christie
954.**O lobo do mar** – Jack London
955.**Os gatos** – Patricia Highsmith
956(22).**Jesus** – Christiane Rancé
957.**História da medicina** – William Bynum
958.**O Morro dos Ventos Uivantes** – Emily Brontë
959.**A filosofia na era trágica dos gregos** – Nietzsche
960.**Os treze problemas** – Agatha Christie
961.**A massagista japonesa** – Moacyr Scliar
963.**Humor do miserê** – Nani
964.**Todo o mundo tem dúvida, inclusive você** – Édison de Oliveira
965.**A dama do Bar Nevada** – Sergio Faraco
969.**O psicopata americano** – Bret Easton Ellis
970.**Ensaios de amor** – Alain de Botton
971.**O grande Gatsby** – F. Scott Fitzgerald
972.**Por que não sou cristão** – Bertrand Russell
973.**A Casa Torta** – Agatha Christie
974.**Encontro com a morte** – Agatha Christie
975(23).**Rimbaud** – Jean-Baptiste Baronian
976.**Cartas na rua** – Bukowski
977.**Memória** – Jonathan K. Foster
978.**A abadia de Northanger** – Jane Austen
979.**As pernas de Úrsula** – Claudia Tajes
980.**Retrato inacabado** – Agatha Christie
981.**Solanin (1)** – Inio Asano
982.**Solanin (2)** – Inio Asano
983.**Aventuras de menino** – Mitsuru Adachi
984(16).**Fatos & mitos sobre sua alimentação** – Dr. Fernando Lucchese
985.**Teoria quântica** – John Polkinghorne
986.**O eterno marido** – Fiódor Dostoiévski
987.**Um safado em Dublin** – J. P. Donleavy
988.**Mirinha** – Dalton Trevisan
989.**Akhenaton e Nefertiti** – Carmen Seganfredo e A. S. Franchini
990.**On the Road – o manuscrito original** – Jack Kerouac
991.**Relatividade** – Russell Stannard
992.**Abaixo de zero** – Bret Easton Ellis
993(24).**Andy Warhol** – Mériam Korichi
995.**Os últimos casos de Miss Marple** – Agatha Christie
996.**Nico Demo: Aí vem encrenca** – Mauricio de Sousa
998.**Rousseau** – Robert Wokler
999.**Noite sem fim** – Agatha Christie
1000.**Diários de Andy Warhol (1)** – Editado por Pat Hackett
1001.**Diários de Andy Warhol (2)** – Editado por Pat Hackett
1002.**Cartier-Bresson: o olhar do século** – Pierre Assouline
1003.**As melhores histórias da mitologia: vol. 1** – A.S. Franchini e Carmen Seganfredo
1004.**As melhores histórias da mitologia: vol. 2** – A.S. Franchini e Carmen Seganfredo
1005.**Assassinato no beco** – Agatha Christie
1006.**Convite para um homicídio** – Agatha Christie
1008.**História da vida** – Michael J. Benton
1009.**Jung** – Anthony Stevens
1010.**Arsène Lupin, ladrão de casaca** – Maurice Leblanc
1011.**Dublinenses** – James Joyce
1012.**120 tirinhas da Turma da Mônica** – Mauricio de Sousa
1013.**Antologia poética** – Fernando Pessoa
1014.**A aventura de um cliente ilustre** *seguido de* **O último adeus de Sherlock Holmes** – Sir Arthur Conan Doyle
1015.**Cenas de Nova York** – Jack Kerouac
1016.**A corista** – Anton Tchékhov
1017.**O diabo** – Leon Tolstói
1018.**Fábulas chinesas** – Sérgio Capparelli e Márcia Schmaltz
1019.**O gato do Brasil** – Sir Arthur Conan Doyle
1020.**Missa do Galo** – Machado de Assis
1021.**O mistério de Marie Rogêt** – Edgar Allan Poe
1022.**A mulher mais linda da cidade** – Bukowski
1023.**O retrato** – Nicolai Gogol
1024.**O conflito** – Agatha Christie
1025.**Os primeiros casos de Poirot** – Agatha Christie
1027(25).**Beethoven** – Bernard Fauconnier

1028. **Platão** – Julia Annas
1029. **Cleo e Daniel** – Roberto Freire
1030. **Til** – José de Alencar
1031. **Viagens na minha terra** – Almeida Garrett
1032. **Profissões para mulheres e outros artigos feministas** – Virginia Woolf
1033. **Mrs. Dalloway** – Virginia Woolf
1034. **O cão da morte** – Agatha Christie
1035. **Tragédia em três atos** – Agatha Christie
1037. **O fantasma da Ópera** – Gaston Leroux
1038. **Evolução** – Brian e Deborah Charlesworth
1039. **Medida por medida** – Shakespeare
1040. **Razão e sentimento** – Jane Austen
1041. **A obra-prima ignorada *seguido de* Um episódio durante o Terror** – Balzac
1042. **A fugitiva** – Anaïs Nin
1043. **As grandes histórias da mitologia greco-romana** – A. S. Franchini
1044. **O corno de si mesmo & outras historietas** – Marquês de Sade
1045. **Da felicidade *seguido de* Da vida retirada** – Sêneca
1046. **O horror em Red Hook e outras histórias** – H. P. Lovecraft
1047. **Noite em claro** – Martha Medeiros
1048. **Poemas clássicos chineses** – Li Bai, Du Fu e Wang Wei
1049. **A terceira moça** – Agatha Christie
1050. **Um destino ignorado** – Agatha Christie
1051. (26). **Buda** – Sophie Royer
1052. **Guerra Fria** – Robert J. McMahon
1053. **Simons's Cat: as aventuras de um gato travesso e comilão – vol. 1** – Simon Tofield
1054. **Simons's Cat: as aventuras de um gato travesso e comilão – vol. 2** – Simon Tofield
1055. **Só as mulheres e as baratas sobreviverão** – Claudia Tajes
1057. **Pré-história** – Chris Gosden
1058. **Pintou sujeira!** – Mauricio de Sousa
1059. **Contos de Mamãe Gansa** – Charles Perrault
1060. **A interpretação dos sonhos: vol. 1** – Freud
1061. **A interpretação dos sonhos: vol. 2** – Freud
1062. **Frufru Rataplã Dolores** – Dalton Trevisan
1063. **As melhores histórias da mitologia egípcia** – Carmem Seganfredo e A.S. Franchini
1064. **Infância. Adolescência. Juventude** – Tolstói
1065. **As consolações da filosofia** – Alain de Botton
1066. **Diários de Jack Kerouac – 1947-1954**
1067. **Revolução Francesa – vol. 1** – Max Gallo
1068. **Revolução Francesa – vol. 2** – Max Gallo
1069. **O detetive Parker Pyne** – Agatha Christie
1070. **Memórias do esquecimento** – Flávio Tavares
1071. **Drogas** – Leslie Iversen
1072. **Manual de ecologia (vol.2)** – J. Lutzenberger
1073. **Como andar no labirinto** – Affonso Romano de Sant'Anna
1074. **A orquídea e o serial killer** – Juremir Machado da Silva
1075. **Amor nos tempos de fúria** – Lawrence Ferlinghetti
1076. **A aventura do pudim de Natal** – Agatha Christie
1078. **Amores que matam** – Patricia Faur
1079. **Histórias de pescador** – Mauricio de Sousa
1080. **Pedaços de um caderno manchado de vinho** – Bukowski
1081. **A ferro e fogo: tempo de solidão (vol.1)** – Josué Guimarães
1082. **A ferro e fogo: tempo de guerra (vol.2)** – Josué Guimarães
1084. (17). **Desembarcando o Alzheimer** – Dr. Fernando Lucchese e Dra. Ana Hartmann
1085. **A maldição do espelho** – Agatha Christie
1086. **Uma breve história da filosofia** – Nigel Warburton
1088. **Heróis da História** – Will Durant
1089. **Concerto campestre** – L. A. de Assis Brasil
1090. **Morte nas nuvens** – Agatha Christie
1092. **Aventura em Bagdá** – Agatha Christie
1093. **O cavalo amarelo** – Agatha Christie
1094. **O método de interpretação dos sonhos** – Freud
1095. **Sonetos de amor e desamor** – Vários
1096. **120 tirinhas do Dilbert** – Scott Adams
1097. **200 fábulas de Esopo**
1098. **O curioso caso de Benjamin Button** – F. Scott Fitzgerald
1099. **Piadas para sempre: uma antologia para morrer de rir** – Visconde da Casa Verde
1100. **Hamlet (Mangá)** – Shakespeare
1101. **A arte da guerra (Mangá)** – Sun Tzu
1104. **As melhores histórias da Bíblia (vol.1)** – A. S. Franchini e Carmen Seganfredo
1105. **As melhores histórias da Bíblia (vol.2)** – A. S. Franchini e Carmen Seganfredo
1106. **Psicologia das massas e análise do eu** – Freud
1107. **Guerra Civil Espanhola** – Helen Graham
1108. **A autoestrada do sul e outras histórias** – Julio Cortázar
1109. **O mistério dos sete relógios** – Agatha Christie
1110. **Peanuts: Ninguém gosta de mim... (amor)** – Charles Schulz
1111. **Cadê o bolo?** – Mauricio de Sousa
1112. **O filósofo ignorante** – Voltaire
1113. **Totem e tabu** – Freud
1114. **Filosofia pré-socrática** – Catherine Osborne
1115. **Desejo de status** – Alain de Botton
1118. **Passageiro para Frankfurt** – Agatha Christie
1120. **Kill All Enemies** – Melvin Burgess
1121. **A morte da sra. McGinty** – Agatha Christie
1122. **Revolução Russa** – S. A. Smith
1123. **Até você, Caputu?** – Dalton Trevisan
1124. **O grande Gatsby (Mangá)** – F. S. Fitzgerald
1125. **Assim falou Zaratustra (Mangá)** – Nietzsche
1126. **Peanuts: É para isso que servem os amigos (amizade)** – Charles Schulz
1127. (27). **Nietzsche** – Dorian Astor
1128. **Bidu: Hora do banho** – Mauricio de Sousa
1129. **O melhor do Macanudo Taurino** – Santiago
1130. **Radicci 30 anos** – Iotti
1131. **Show de sabores** – J.A. Pinheiro Machado

1132. **O prazer das palavras** – vol. 3 – Cláudio Moreno
1133. **Morte na praia** – Agatha Christie
1134. **O fardo** – Agatha Christie
1135. **Manifesto do Partido Comunista (Mangá)** – Marx & Engels
1136. **A metamorfose (Mangá)** – Franz Kafka
1137. **Por que você não se casou... ainda** – Tracy McMillan
1138. **Textos autobiográficos** – Bukowski
1139. **A importância de ser prudente** – Oscar Wilde
1140. **Sobre a vontade na natureza** – Arthur Schopenhauer
1141. **Dilbert (8)** – Scott Adams
1142. **Entre dois amores** – Agatha Christie
1143. **Cipreste triste** – Agatha Christie
1144. **Alguém viu uma assombração?** – Mauricio de Sousa
1145. **Mandela** – Elleke Boehmer
1146. **Retrato do artista quando jovem** – James Joyce
1147. **Zadig ou o destino** – Voltaire
1148. **O contrato social (Mangá)** – J.-J. Rousseau
1149. **Garfield fenomenal** – Jim Davis
1150. **A queda da América** – Allen Ginsberg
1151. **Música na noite & outros ensaios** – Aldous Huxley
1152. **Poesias inéditas & Poemas dramáticos** – Fernando Pessoa
1153. **Peanuts: Felicidade é...** – Charles M. Schulz
1154. **Mate-me por favor** – Legs McNeil e Gillian McCain
1155. **Assassinato no Expresso Oriente** – Agatha Christie
1156. **Um punhado de centeio** – Agatha Christie
1157. **A interpretação dos sonhos (Mangá)** – Freud
1158. **Peanuts: Você não entende o sentido da vida** – Charles M. Schulz
1159. **A dinastia Rothschild** – Herbert R. Lottman
1160. **A Mansão Hollow** – Agatha Christie
1161. **Nas montanhas da loucura** – H.P. Lovecraft
1162(28). **Napoleão Bonaparte** – Pascale Fautrier
1163. **Um corpo na biblioteca** – Agatha Christie
1164. **Inovação** – Mark Dodgson e David Gann
1165. **O que toda mulher deve saber sobre os homens: a afetividade masculina** – Walter Riso
1166. **O amor está no ar** – Mauricio de Sousa
1167. **Testemunha de acusação & outras histórias** – Agatha Christie
1168. **Etiqueta de bolso** – Celia Ribeiro
1169. **Poesia reunida (volume 3)** – Affonso Romano de Sant'Anna
1170. **Emma** – Jane Austen
1171. **Que seja em segredo** – Ana Miranda
1172. **Garfield sem apetite** – Jim Davis
1173. **Garfield: Foi mal...** – Jim Davis
1174. **Os irmãos Karamázov (Mangá)** – Dostoiévski
1175. **O Pequeno Príncipe** – Antoine de Saint-Exupéry
1176. **Peanuts: Ninguém mais tem o espírito aventureiro** – Charles M. Schulz
1177. **Assim falou Zaratustra** – Nietzsche
1178. **Morte no Nilo** – Agatha Christie
1179. **Ê, soneca boa** – Mauricio de Sousa
1180. **Garfield a todo o vapor** – Jim Davis
1181. **Em busca do tempo perdido (Mangá)** – Proust
1182. **Cai o pano: o último caso de Poirot** – Agatha Christie
1183. **Livro para colorir e relaxar** – Livro 1
1184. **Para colorir sem parar**
1185. **Os elefantes não esquecem** – Agatha Christie
1186. **Teoria da relatividade** – Albert Einstein
1187. **Compêndio da psicanálise** – Freud
1188. **Visões de Gerard** – Jack Kerouac
1189. **Fim de verão** – Mohiro Kitoh
1190. **Procurando diversão** – Mauricio de Sousa
1191. **E não sobrou nenhum e outras peças** – Agatha Christie
1192. **Ansiedade** – Daniel Freeman & Jason Freeman
1193. **Garfield: pausa para o almoço** – Jim Davis
1194. **Contos do dia e da noite** – Guy de Maupassant
1195. **O melhor de Hagar 7** – Dik Browne
1196(29). **Lou Andreas-Salomé** – Dorian Astor
1197(30). **Pasolini** – René de Ceccatty
1198. **O caso do Hotel Bertram** – Agatha Christie
1199. **Crônicas de motel** – Sam Shepard
1200. **Pequena filosofia da paz interior** – Catherine Rambert
1201. **Os sertões** – Euclides da Cunha
1202. **Treze à mesa** – Agatha Christie
1203. **Bíblia** – John Riches
1204. **Anjos** – David Albert Jones
1205. **As tirinhas do Guri de Uruguaiana 1** – Jair Kobe
1206. **Entre aspas (vol.1)** – Fernando Eichenberg
1207. **Escrita** – Andrew Robinson
1208. **O spleen de Paris: pequenos poemas em prosa** – Charles Baudelaire
1209. **Satíricon** – Petrônio
1210. **O avarento** – Molière
1211. **Queimando na água, afogando-se na chama** – Bukowski
1212. **Miscelânea septuagenária: contos e poemas** – Bukowski
1213. **Que filosofar é aprender a morrer e outros ensaios** – Montaigne
1214. **Da amizade e outros ensaios** – Montaigne
1215. **O medo à espreita e outras histórias** – H.P. Lovecraft
1216. **A obra de arte na era de sua reprodutibilidade técnica** – Walter Benjamin
1217. **Sobre a liberdade** – John Stuart Mill
1218. **O segredo de Chimneys** – Agatha Christie
1219. **Morte na rua Hickory** – Agatha Christie
1220. **Ulisses (Mangá)** – James Joyce
1221. **Ateísmo** – Julian Baggini
1222. **Os melhores contos de Katherine Mansfield** – Katherine Mansfied
1223(31). **Martin Luther King** – Alain Foix

1224. **Millôr Definitivo: uma antologia de** *A Bíblia do Caos* – Millôr Fernandes
1225. **O Clube das Terças-Feiras e outras histórias** – Agatha Christie
1226. **Por que sou tão sábio** – Nietzsche
1227. **Sobre a mentira** – Platão
1228. **Sobre a leitura** *seguido do* **Depoimento de Céleste Albaret** – Proust
1229. **O homem do terno marrom** – Agatha Christie
1230(32). **Jimi Hendrix** – Franck Médioni
1231. **Amor e amizade e outras histórias** – Jane Austen
1232. **Lady Susan, Os Watson e Sanditon** – Jane Austen
1233. **Uma breve história da ciência** – William Bynum
1234. **Macunaíma: o herói sem nenhum caráter** – Mário de Andrade
1235. **A máquina do tempo** – H.G. Wells
1236. **O homem invisível** – H.G. Wells
1237. **Os 36 estratagemas: manual secreto da arte da guerra** – Anônimo
1238. **A mina de ouro e outras histórias** – Agatha Christie
1239. **Pic** – Jack Kerouac
1240. **O habitante da escuridão e outros contos** – H.P. Lovecraft
1241. **O chamado de Cthulhu e outros contos** – H.P. Lovecraft
1242. **O melhor de Meu reino por um cavalo!** – Edição de Ivan Pinheiro Machado
1243. **A guerra dos mundos** – H.G. Wells
1244. **O caso da criada perfeita e outras histórias** – Agatha Christie
1245. **Morte por afogamento e outras histórias** – Agatha Christie
1246. **Assassinato no Comitê Central** – Manuel Vázquez Montalbán
1247. **O papai é pop** – Marcos Piangers
1248. **O papai é pop 2** – Marcos Piangers
1249. **A mamãe é rock** – Ana Cardoso
1250. **Paris boêmia** – Dan Franck
1251. **Paris libertária** – Dan Franck
1252. **Paris ocupada** – Dan Franck
1253. **Uma anedota infame** – Dostoiévski
1254. **O último dia de um condenado** – Victor Hugo
1255. **Nem só de caviar vive o homem** – J.M. Simmel
1256. **Amanhã é outro dia** – J.M. Simmel
1257. **Mulherzinhas** – Louisa May Alcott
1258. **Reforma Protestante** – Peter Marshall
1259. **História econômica global** – Robert C. Allen
1260(33). **Che Guevara** – Alain Foix
1261. **Câncer** – Nicholas James
1262. **Akhenaton** – Agatha Christie
1263. **Aforismos para a sabedoria da vida** – Arthur Schopenhauer
1264. **Uma história do mundo** – David Coimbra
1265. **Ame e não sofra** – Walter Riso
1266. **Desapegue-se!** – Walter Riso
1267. **Os Sousa: Uma família do barulho** – Mauricio de Sousa
1268. **Nico Demo: O rei da travessura** – Mauricio de Sousa
1269. **Testemunha de acusação e outras peças** – Agatha Christie
1270(34). **Dostoiévski** – Virgil Tanase
1271. **O melhor de Hagar 8** – Dik Browne
1272. **O melhor de Hagar 9** – Dik Browne
1273. **O melhor de Hagar 10** – Dik e Chris Browne
1274. **Considerações sobre o governo representativo** – John Stuart Mill
1275. **O homem Moisés e a religião monoteísta** – Freud
1276. **Inibição, sintoma e medo** – Freud
1277. **Além do princípio de prazer** – Freud
1278. **O direito de dizer não!** – Walter Riso
1279. **A arte de ser flexível** – Walter Riso
1280. **Casados e descasados** – August Strindberg
1281. **Da Terra à Lua** – Júlio Verne
1282. **Minhas galerias e meus pintores** – Kahnweiler
1283. **A arte do romance** – Virginia Woolf
1284. **Teatro completo v. 1: As aves da noite** *seguido de* **O visitante** – Hilda Hilst
1285. **Teatro completo v. 2: O verdugo** *seguido de* **A morte do patriarca** – Hilda Hilst
1286. **Teatro completo v. 3: O rato no muro** *seguido de* **Auto da barca de Camiri** – Hilda Hilst
1287. **Teatro completo v. 4: A empresa** *seguido de* **O novo sistema** – Hilda Hilst
1288. **Sapiens: Uma breve história da humanidade** – Yuval Noah Harari
1289. **Fora de mim** – Martha Medeiros
1290. **Divã** – Martha Medeiros
1291. **Sobre a genealogia da moral: um escrito polêmico** – Nietzsche
1292. **A consciência de Zeno** – Italo Svevo
1293. **Células-tronco** – Jonathan Slack
1294. **O fim do ciúme e outros contos** – Proust
1295. **A jangada** – Júlio Verne
1296. **A ilha do dr. Moreau** – H.G. Wells
1297. **Ninho de fidalgos** – Ivan Turguêniev
1298. **Jane Eyre** – Charlotte Brontë
1299. **Sobre gatos** – Bukowski
1300. **Sobre o amor** – Bukowski
1301. **Escrever para não enlouquecer** – Bukowski
1302. **222 receitas** – J. A. Pinheiro Machado
1303. **Reinações de Narizinho** – Monteiro Lobato
1304. **O Saci** – Monteiro Lobato
1305. **Memórias da Emília** – Monteiro Lobato
1306. **O Picapau Amarelo** – Monteiro Lobato
1307. **A reforma da Natureza** – Monteiro Lobato
1308. **Fábulas** *seguido de* **Histórias diversas** – Monteiro Lobato
1309. **Aventuras de Hans Staden** – Monteiro Lobato
1310. **Peter Pan** – Monteiro Lobato
1311. **Dom Quixote das crianças** – Monteiro Lobato
1312. **O Minotauro** – Monteiro Lobato
1313. **Um quarto só seu** – Virginia Woolf
1314. **Sonetos** – Shakespeare

lepmeditores
www.lpm.com.br
o site que conta tudo

IMPRESSÃO:

PALLOTTI
GRÁFICA

Santa Maria - RS | Fone: (55) 3220.4500
www.graficapallotti.com.br